향기 인문학

카이로스 컬러&향기 스토리

kairos
perfume story

향기인문학
카이로스 컬러&향기 스토리

발 행 일	2024. 10. 04
지 은 이	강경아
편　　집	정태희
디 자 인	정태희
발 행 인	권경민
발 행 처	한국지식문화원

출판등록	
주　　소	서울시 서초구 서운로13 중앙로얄빌딩 B126
대표전화	0507-1467-7884
홈페이지	www.kcbooks.org
이 메 일	admin@kcbooks.org
ISBN	97911-7190-067-1

ⓒ 한국지식문화원 2024
본 책 내용의 전부 또는 일부를 재사용하려면
반드시 저작권자의 동의를 받으셔야 합니다.

| 추천의 글 |

 '아름다운 향기를 통해서 카이로스의 세계로 초대하는 향기인문학 강사' 강경아 저자의 「향기인문학」 저서 발간을 축하드립니다.

 인간의 오감 중 가장 감성적이면서도 기억과 밀접한 관련을 맺고 있는 감각은 바로 '향기'입니다. 인간은 시각과 청각을 넘어 향기를 통해 세상과 깊이 교감합니다.

 이 책은 어렵고 지루한 원론적 인문학 이야기가 아닙니다. 저자는 이 책을 통해 향기의 본질과 그것이 인류 역사, 철학, 문화, 그리고 우리의 일상에 어떻게 녹아들어 있는지를 흥미롭게 탐구합니다. 우리가 무심코 스쳐 지나가는 향기들 속에서 어떤 감정과 기억이 깃들어 있는지, 향기를 통해 인간의 감각과 정서를 어떻게 풍요롭게 만들 수 있는지를 탁월한 통찰로 풀어냅니다.

SHS 아로마테라피스트, 아로마인사이트카드 프랙티셔너, 컬러&향기 인문학 강사로 다양한 강연 무대에서 활약하고 있는 저자는 단순한 향에 대한 과학적 설명을 넘어, 향기가 우리의 삶을 어떻게 풍성하게 만드는지를 인문학적 시각으로 바라봅니다.

이 책을 통해서 독자는 향기를 매개로 새로운 인식의 세계에 다가갈 수 있으며, 이를 통해 삶의 깊이를 더해주는 소중한 감각을 재발견할 수 있습니다. 독특한 경험을 선사할 이 책은 우리의 일상 속 감각을 다시금 돌아보게 만드는 멋진 안내서가 될 것입니다.

권경민
KCN뉴스 발행인
KAIST 인문학 외래교수

Prologue

 향기는 예로부터 인류의 생활에 여러 영향을 주며 함께 해왔습니다. 많은 문화에서 향은 신성함을 상징하며, 제사나 예배 시 사용되며 종교의식에서 중요한 역할을 했습니다. 향을 태우는 것은 신에게 기도를 전하거나, 영혼을 진정시키는 방법으로 여겨졌습니다.

 고대에는 향기가 약용 효과가 있다고 믿어져 아로마테라피와 같은 형태로 사용되었습니다. 다양한 허브와 향료가 질병 치료나 예방에 사용되었으며, 향기를 통해 심리적 안정과 스트레스 감소를 도모하기도 했습니다.

 향수나 향료는 사회적 지위와 부를 나타내는 상징으로 사용되기도 했습니다. 귀족이나 부유한 사람들은 고급 향수를 사용하여 자신의 신분을 과시하며, 향기는 개인의 품격을 나타내는 중요한 요소로 작용했습니다.

 향기는 일상생활에서 향초나 방향제로 생활 공간을 쾌적하게 만들기도 하고, 문학, 음악, 미술 등 다양한 예술 분야에서도 중요한 주제로 다뤄지며 시와 노래, 그림 등에서 감정과 느낌을 표현하는 수단이 되기도 합니다.

Prologue

자연의 아름다움과 조화를 느끼게 해주는 꽃, 나무, 과일 등에서 나오는 향기는 사람들에게 자연과의 연결을 상기시키고, 환경에 대한 경외심을 불러일으킵니다.

이처럼 향기는 옛날부터 현재에 이르기까지 사람들의 생활 속에서 다양한 방식으로 영향을 미쳤으며, 인류는 향기를 통해 감정, 신념, 사회적 관계 등을 표현하고 경험했습니다.

저에게 향기란 시공간을 뛰어넘는 카이로스적 영감과 추억, 공간, 계절, 사람을 기억해 내는 감각입니다. 우리가 추억할 향과 사람의 이야기 그리고 향수에 대한 궁금증을 여러분과 나누고 싶었습니다.

향기로운 컬러의 추억 그 소중한 시간들의 추억과 사랑을 되뇌어보시길 바랍니다.

지은이 강경아

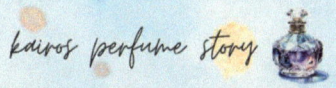

TABLE OF CONTENTS

신은 향기를 창조했고, 인간은 향수를 만들었다   01

향기가 없는 세상   12
향수의 의미와 중요성   15
향수의 역사   17
우리나라 향수의 역사   23

인류 최초의 향기 아로마   02

좋은 향기란?   28
향기의 과학, 우리의 감각을 자극하는 비밀   35
아로마의 정의와 종류   39
사상체질과 아로마테라피   45

향수의 모든 것 〈A TO Z〉   03

향수의 노트   52
향수의 분류   62
향수의 유통기한   69
향수의 안정성과 보관 방법   78
향수 사용법   83

KAIROS PERFUME STORY

TABLE OF CONTENTS

트렌드와 함께하는 향기　　　　　　　　　　04
　향수와 계절　　　　　　　　　　　　　　　90
　향수와 성별　　　　　　　　　　　　　　　93
　향수의 트렌드, 향기의 진화와 새로운 방향　97

카이로스 향기 이펙트　　　　　　　　　　05
　카이로스 향기인문학, 향기와 과거로의 시간여행　106
　프루스트 현상(Proustian phenomenon)　　　110
　자연의 향기, 마음을 치유하는 자연의 선물　119
　일상 속 향기의 마법　　　　　　　　　　　126
　향수와 감정, 향기가 불러오는 기억　　　　132
　향기와 심리, 냄새가 우리의 기분에 미치는 영향　137
　향기의 힘, 그 과거 현재 미래　　　　　　　142

향수 에피소드　　　　　　　　　　　　　　06
　향기 마케팅　　　　　　　　　　　　　　　156
　컬러와 향기의 만남　　　　　　　　　　　162
　영화 '향수' 어느 살인자의 이야기　　　　　175
　클레오파트라와 나폴레옹의 향수 정치　　　178
　마리 앙투아네트의 향수　　　　　　　　　181
　샬롯 브론테의 생애와 향수　　　　　　　　184

KAIROS PERFUME STORY

Part 1

신은 향기를 창조했고,
인간은 향수를 만들었다.

KAIROS PERFUME STORY

향기가 없는 세상

 향기가 없는 세상은 단순히 후각적 경험의 결여를 넘어, 우리의 감정, 기억, 그리고 인간관계에까지 깊은 영향을 미친다. 우리는 일상 속에서 다양한 향기를 통해 기쁨과 안정, 사랑을 느끼고, 특정한 기억을 떠올리곤 한다. 예를 들어, 어릴 적 부모님이 요리할 때 나는 음식의 향기는 그 시절의 따뜻한 기억을 불러일으킨다. 반면, 만약 이러한 향기가 사라진다면 우리의 삶은 어떻게 변할까?

 우선, 향기가 없는 세상에서는 감정적 연결이 약화 될 것이다. 사랑하는 사람의 향기는 그들과의 친밀감을 느끼게 해주고, 친구와의 만남에서 느껴지는 향기는 그 순간의 즐거움을 더욱 깊게 해준다. 그러나 향기가 없다면 이러한 소중한 연결 고리가 끊어져, 과거의 행복한 기억을 떠올리기 어려워질 것이다. 이는 고독감과 우울감을 초래할 수 있으며, 사람들은 서로의 존재를 더욱 소외감 속에서 느끼게 될 것이다. 감정의 깊이가 줄어들면서 인간관계는 더욱 피상적으로 변할 위험이 있다.

또한, 스트레스와 불안이 증가할 것이다. 향기는 심리적 안정과 스트레스 완화에 도움을 준다. 아로마테라피와 같은 방법이 그 예이다. 라벤더의 향기는 긴장을 풀어주고, 시트러스 계열의 향기는 에너지를 주는 등, 향기는 우리의 정서를 조절하는 데 중요한 역할을 한다. 향기가 사라지면 이러한 자연적인 스트레스 해소 수단이 없어져, 사람들은 더 큰 불안과 긴장을 느낄 수 있다. 이는 일상생활의 질을 저하시키고, 정신 건강에도 악영향을 미칠 것이다. 결국, 향기의 부재는 사회 전체의 스트레스 수준을 높이고, 공동체의 안전감마저 위협할 수 있다.

정서적 표현의 제한도 큰 문제다. 향기는 우리의 감정을 표현하고 전달하는 데 중요한 역할을 한다. 특정 향기는 사랑, 기쁨, 슬픔 등 다양한 감정을 시각적으로 표현하게 도와준다. 예를 들어, 결혼식에서의 장미 향은 사랑의 상징이 되며, 장례식에서의 백합 향은 슬픔을 표현하는 중요한 요소가 된다. 향기가 사라지면 이러한 표현의 수단이 없어져, 사람들은 자신의 감정을 효과적으로 전달하기 어려워질 것이다. 이는 사람들 간의 오해를 초래하고, 갈등을 유발할 수 있다.

사회적 관계 또한 영향을 받을 것이다. 향기는 사람 간의 관계 형성에 중요한 역할을 한다. 좋아하는 사람의 향기는 친밀감을 느끼게 하고, 가족의 향기는 안정감을 준다. 향기가 사라진다면 이러한 감정적 연결이 약해져, 사람들 간의 친밀감이 줄어들 수 있다. 이는 사회적 고립과 외로움을 더욱 심화시킬 것이다. 사람들이 서로의 존재를 느끼지 못하게 되면, 공동체의 연대감과 소속감도 약해질 것이다.

마지막으로, 일상적인 즐거움이 감소할 것이다. 향기는 우리의 일상에서 작은 즐거움을 제공한다. 꽃의 향기, 요리의 냄새, 자연의 향기는 일상생활을 더욱 풍요롭게 만든다. 예를 들어, 아침에 커피를 내릴 때 퍼지는 향기는 하루를 시작하는 즐거움이 된다. 그러나 향기가 없어진다면 이러한 작은 즐거움이 사라지고, 일상이 단조롭게 느껴질 것이다. 이는 삶의 질을 떨어뜨리고, 사람들의 행복감마저 저하시킬 수 있다.

　이렇듯 향기가 없는 세상은 우리의 감정과 기억, 그리고 인간관계에 심각한 영향을 미칠 수 있다. 향기는 단순한 감각적 경험을 넘어, 우리의 삶을 풍요롭게 하고, 인간관계의 깊이를 더하는 중요한 요소임을 다시금 깨닫게 된다. 향기가 주는 소중한 순간들을 잊지 않고, 현재의 향기로운 일상을 더욱 소중히 여기는 것이 필요하다. 향기의 부재는 우리가 당연하게 여겨왔던 것들이 얼마나 중요한지를 일깨워 주며, 그리하여 더욱 풍요롭고 의미 있는 삶을 위해 감각을 재발견하는 기회가 될 것이다.

향수의 의미와 중요성

kairos perfume story

　향수는 단순한 향기를 넘어, 인간의 감정과 기억, 그리고 정체성을 표현하는 매우 중요한 요소로 자리 잡고 있다. 향수의 의미는 개인의 취향과 감성을 반영하는 동시에, 특정한 순간이나 기억과 연결될 때 그 가치는 더욱 커진다. 예를 들어, 사랑하는 사람의 향수는 그 사람과의 특별한 순간을 떠올리게 하며, 그 향수의 한 방울이 그리움이나 행복한 기억을 불러일으킬 수 있다. 이는 향수가 단순한 향기를 넘어, 우리의 내면 깊숙한 곳에 자리 잡은 감정과 기억의 상징으로 작용함을 의미한다. 특정 향기는 과거의 소중한 순간들을 되살려 주며, 그 순간들을 다시 경험하게 해준다.

또한, 향수는 사회적 상징으로도 기능한다. 사람들은 향수를 통해 자신의 스타일과 개성을 드러내며, 이는 타인과의 관계 형성에도 중요한 역할을 한다. 좋은 향기는 사람들에게 긍정적인 인상을 남기는 데 큰 영향을 미치며, 자신감을 높여주는 효과가 있다. 특히 비즈니스나 중요한 자리에서 적절한 향수를 선택하는 것은 상대방에게 좋은 인상을 남기고, 자신을 더욱 돋보이게 만드는 데 기여한다. 이러한 이유로 많은 사람들은 향수를 단순한 액세서리로 보지 않고, 자신을 표현하는 중요한 도구로 인식하고 있다.

향수는 문화와 역사적으로도 깊은 의미를 지니고 있다. 고대 이집트에서부터 현대에 이르기까지, 향수는 종교의식, 장례식, 그리고 일상생활의 중요한 부분으로 자리 잡아왔다. 다양한 문화에서 향수는 특정한 의식이나 전통과 연결되어 있으며, 이는 각 문화의 가치관과 정서를 반영한다. 예를 들어, 프랑스에서는 향수가 예술의 한 형태로 여겨져 많은 사람이 고유의 향수 브랜드를 만들고, 그들만의 독특한 향기를 창조하고 있다. 이처럼 향수는 단순한 향기를 넘어, 문화적 아이덴티티와도 깊은 연관이 있다.

결론적으로, 향수는 우리의 삶에서 중요한 역할을 하며, 감정과 기억을 연결하는 강력한 매개체로 작용한다. 향수의 선택과 사용은 단순한 취향의 문제가 아니라, 자신을 표현하고 타인과의 관계를 형성하는 데 있어 중요한 요소라는 점에서 그 의미와 중요성을 다시 한번 되새길 필요가 있다. 향수는 우리의 일상 속에서 다양한 방식으로 작용하며, 각 개인의 삶에 특별한 의미를 부여하는 소중한 존재임을 잊지 말아야 할 것이다.

향수의 역사

인류가 최초로 사용한 화장품이라고 할 수 있는 향수는 향료를 알코올 등에 녹여 만든 향기 나는 액체를 일컫는다. 영어로는 퍼퓸(Perfume)인데, 이 단어는 '~을 통하여'라는 의미가 있는 라틴어 '퍼(per)'와 '연기(Smoke)'를 뜻하는 '푸무스(Fumus)'에서 유래되었다.

향수의 역사는 매우 오랜 세월 동안 다양한 문화와 문명의 영향을 받으며 발전해 왔다. 향수의 기원은 이집트와 메소포타미아 문명에 그 뿌리를 두고 있다. 종교적 의식, 곧 신과 인간과의 교감을 위한 매개체로부터 출발하였다. 약 5,000년 전의 고대인들은 신에게 제사를 지낼 때 몸을 청결히 하고, 향기가 풍기는 나뭇가지를 태우고, 향나무잎으로 즙을 내어 몸에 발랐다고 한다. '향기가 나는 성스러운 나무'라고 하여 향나무를 경외하였던 고대인들은 높은 산 위에 높이 자란 향나무가 신에게 더 가깝게 해준다고 믿었으며 신에게 제사를 지낼 때 이 향을 몸에 바르거나 태우는 종교적 의식을 통해 신과 소통할 수 있다고 생각했다. 향수의 원래 기능은 향의 형태로 오늘날의 교회 의식에 남아있다.

이렇듯 신과 인간의 교감을 위한 매개체로 사용한 데서부터 향수는 시작되었고, 향수는 단순히 향기를 내는 것 이상으로 다양한 문화적, 종교적 의미를 담고 있었다.

고대 이집트인들은 특히 향을 좋아하여 광범위하게 사용했다. 그들은 향기가 신의 선물이라고 믿었고 향료와 식물성 오일을 이용하여 향수를 만들었다. 이를 종교의식과 장례 의식에 사용했다. 그들은 로즈, 장미, 라벤더, 카먼 등 다양한 식물을 사용하여 향수를 만들었다. 또한, 그들은 향수를 신체에 바르거나 방안에 사용하여 신성한 향기를 퍼뜨렸다.

고대 이집트 사회에서 향수는 매우 중요했으며 당시의 상인들은 부피가 작고 값이 비싼 향료를 화폐 대용으로 사용하기도 했다. 가장 널리 알려진 이집트 향수 키피(Kyphi)는 주로 신을 기리기 위한 용도로 사용되었다. 키피(Kyphi)는 이집트 피라미드 벽에 제조법이 기록되어 있으며, 주로 너트그래스, 갈대, 주니퍼 베리, 테레빈 뿌리, 골풀, 꿀, 몰약, 건포도와 오래된 포도주로 만들었다. 현재 조금씩 다른 처방전이 전해지고 있으며, 이집트인에게 키피는 매우 중요하고 신성한 향료로서 다른 향수들처럼 간과 폐에 발생한 질병을 치료하기 위한 약으로도 사용하였다. 그리스의 역사가 플루타르코스는 키피를 두고 "근심을 덜어주고 영혼을 치유하는 힘을 가지고 있다"라고 말했다. 이집트인들은 정교한 향수병과 용기를 만들었고 그중 많은 부분이 오늘날까지 남아있다.

그 후 향수는 이집트 문명을 거쳐 그리스와 로마 등지로 퍼져 귀족 계급의 기호품이 되었다. 비누가 없던 시절 때를 녹이는 향유가 목욕의 필수품이었는데 사람들은 향유를 몸에 바르고 금속 재질의 때밀이 스트리질을 사용해 강하게 문지른 다음 물로 씻었다. 그리스인과 로마인들은 향수에 대해 깊은 인식을 하고 있었고 그들만의 독특한 향수 제조 기술을 개발했다. 고고학자들이 키프로스 피르고스 지방에서 세계에서 가장 오래된 향수를 발견한 바 있는데 이는 4,000년 전의 것으로 추정된다.

중세 유럽에서는 아라비아 문화의 영향을 받아 향수 제조 기술이 발전했다. 또한, 향수는 귀족과 성직자들 사이에서 널리 사용되었고, 약용 목적으로도 활용되었다. 이 시대에는 왕과 황제들의 대관식 때 머리에 향유를 붓는 '기름 부음(anointment)' 의식을 행했는데 이 의식은 하느님으로부터 권위를 부여받는다는 상징적인 의미를 지녔다. 중세 시대 수도원에서는 향이 나는 식물을 재배하고 의료용 향수를 만들었다.

근대적 의미의 향수가 나온 시기는 1370년경으로 지금의 '오 드 뚜왈렛' 풍의 '헝가리 워터'다. 이것은 질병으로 인해 고통받던 헝가리 왕비인 엘리자베스를 위해 만들어진 것으로 증류 향수이며 최초의 알코올 향수이다. 주재료는 로즈마리와 라벤더, 민트를 비롯하여 신선한 꽃잎과 과일 향기를 함유한 알코올이다. 이 향수로 인하여 아름다움과 건강을 되찾은 여왕은 70세가 넘은 나이에도 불구하고 25세의 폴란드의 왕으로부터 구혼을 받았던 것으로 전해진다.

그 뒤 1508년 이탈리아의 피렌체의 수도사가 향료 조제용 아틀리에를 열고 '유리향수'를 제조하면서 향수의 전성기를 맞게 되었다.

16세기 르네상스 시대에는 향수 제조에 화학 기술이 도입되면서 향수의 종류와 품질이 크게 향상되었다. 17세기부터 향수가 산업으로서 발전하기 시작했으며 프랑스 조향사가 그 길을 주도했다. 18세기 프랑스에서는 향수 산업이 발전했고, 나폴레옹과 마리 앙투아네트 등 왕족과 귀족들이 향수를 애용했다.

19세기에는 합성 향료의 개발로 향수 제조가 더욱 발전했고, 향수가 대중화되기 시작했다. 향수를 전문적으로 취급하는 회사가 설립된 것은 유럽에서였다. 당시에는 자연의 향을 활용한 제품들이 주를 이뤘고, 19세기 후반 화학합성 향료가 개발되면서 이전까지는 비싼 가격이었던 천연 향료의 향기를 비교적 저렴하게 구현할 수 있게 되었고 단가가 낮아지면서 향료와 향수의 대중화가 이루어지기 시작했다. 향수 대중화의 선구자로 볼 수 있는 자크 겔랑을 시작으로 향수가 패션 산업에 도입되면서 샤넬, 디올, 지방시 등 자신의 패션 브랜드와 같은 이름을 걸고 향수를 출시하여 큰 성공을 거두게 된다. 대표적인 향수가 바로 '샤넬 No. 5'이다.

오늘날 향수 산업은 전 세계적으로 큰 규모를 자랑하며, 다양한 향기와 제품이 개발되고 있다. 향수는 개인의 취향과 이미지를 표현하는 중요한 소비재로 자리 잡았다. 향수는 사람들에게 자신의 아름다움과 독특한 매력을 부각하는 데 중요한 역할을 하며, 그 향기는 사람들에게 자신감을 줄 뿐만 아니라 주변 사람들에게도 긍정적인 영향을 끼친다.

현재 향수는 개인의 개성과 기분을 반영하는 향을 선택하는 개인의 표현 수단이 되어 널리 사용되고 있으며, 향기가 인간의 정신에 미치는 영향을 연구하는 학문으로 발전하여 향기의 효과를 과학적으로 실증하는 아로마콜로지(Aromachology) 즉, 향기 심리학으로 발전하고 있다.

우리나라 향수의 역사

한국의 향수 역사는 고대부터 시작되어 현대에 이르기까지 다양한 변화를 겪어왔으며, 이는 단순한 물질적 사용을 넘어 한국의 문화와 정체성을 형성하는 중요한 요소로 자리 잡고 있다. 향수와 관련된 문화는 주로 향기로운 식물과 자연에서 유래한 것들이며, 이는 한국의 전통적인 생활 방식과 밀접한 관계를 맺고 있다. 향수는 단순히 냄새를 즐기는 것을 넘어, 사람들의 감정과 기억을 담고 있는 특별한 매개체로 기능한다.

한국의 향수 역사는 삼국시대로 거슬러 올라간다. 372년 고구려 승려가, 382년 백제 승려가 중국 파견 길에서 돌아오며 향료를 수입한 것이 그 시작이었다. 향료의 대중화는 신라시대 귀부인들로부터이며, 향료 주머니 즉, 향낭(香囊)을 몸에 지녔다는 것으로 그 사실을 알 수 있다. 삼국유사의 기록에서도 향을 통하여 사람을 치유하거나 몸을 치장한 사례가 많이 등장한다. 또한 석굴암 안쪽 중근 벽 둘레에 새겨진 지혜제일 사리불과 신통제일 목련이 손잡이 향료를 들고 있으며, 혜공왕이 771년에 완성한 에밀레종에도 연꽃 송이 모양의 향로가 새겨져 있다. 출토되는 향유 병들로 향수를 담던 용기도 소지했음을 알 수 있다. 이 시기에 사람들은 백단향, 유향, 그리고 다양한 꽃을 사용하여 향을 만들었다. 이러한 향은 단순한 향료가 아니라, 불교와 관련된 의식에서 신성한 분위기를 조성하는 데 중요한 역할을 했다. 특히, 사찰에서는 향을 피워 정신을 맑게 하고, 신성과의 교감을 돕는 의식이 성행하였다. 중세에는 궁중에서 왕과 귀족들이 향을 사용하며, 향수를 만드는 기술이 발전하기 시작했다. 이 시기에는 향수 대신 향초나 향로에서 사용되는 향료가 주로 사용되었으며, 이는 왕실의 권위와 위엄을 대변하는 중요한 요소로 여겨졌다.

조선시대에는 향수와 관련된 문화가 더욱 확산되었다. 궁중에서는 다양한 향료를 사용하여 향수를 제조하고, 이를 통해 왕실의 위엄과 품격을 높였다. 조선 성종 때에는 향 식물 재배관리를 감독하는 전향별감이라는 벼슬을 따로 두기도 했다. 관리들과 선비들에게 의무적으로 향낭을 패용하도록 하는 등 우리나라에서도 향을 지니는 행위는 일상화되었다. 조선 후기에는 일반 민중들 사이에서도 향수를 사용하는 문화가 퍼지기 시작했다. 이 시기에는 '향수'라는 용어보다는 '향기'라는 표현이 더 많이 사용되었고, 이는 향기가 지닌 의미와 가치를 더욱 강조하는 경향이 있었다. 또한, 문인들 사이에서는 향기와 관련된 시와 문학이 발달하여, 향수는 단순한 제품이 아닌 문화적 상징으로 자리 잡았다. 이러한 문학적 표현은 향수가 사람들의 감정과 정서를 표현하는 중요한 수단으로 작용하게 했다.

20세기 중반 이후, 서구 문화의 영향으로 한국에서도 본격적으로 상업적인 향수 시장이 열리게 된다. 1970년대와 1980년대에는 외국 브랜드의 향수가 유입되면서 한국 소비자들에게 향수 사용이 보편화되기 시작했다. 이 시기에는 유럽의 유명 브랜드가 시장을 지배했지만, 1990년대 이후 한국 내에서 자체적으로 향수를 제작하는 브랜드들이 등장하기 시작했다. 이는 한국의 문화적 정체성을 반영한 향수를 개발하려는 시도로 볼 수 있으며, 소비자들에게 새로운 선택지를 제공하는 계기가 되었다.

최근 몇 년간 한국의 향수 시장은 급속히 성장하고 있으며, K-뷰티의 일환으로 한국 브랜드의 향수가 세계적으로 주목받고 있다. 특히, 자연 친화적인 원료와 독창적인 향 조합을 바탕으로 한 한국 향수가 많은 소비자들에게 사랑받고 있다. 이러한 변화는 한국의 전통적인 향수 문화와 현대적인 감각이 결합 된 결과로 볼 수 있으며, 이는 한국의 고유한 정체성을 잘 담아내고 있다. 최근에는 개인의 취향과 스타일에 맞춘 맞춤형 향수 제작 서비스도 등장하여, 향수가 개인의 정체성을 표현하는 중요한 수단으로 자리 잡고 있다.

한국의 향수 역사는 고대부터 현재까지 지속해서 발전해 왔으며, 전통과 현대의 조화를 이루고 있다. 향수는 이제 단순한 제품을 넘어, 개인의 정체성과 감정을 표현하는 중요한 요소로 자리매김하고 있으며, 한국의 향수 문화는 앞으로도 계속해서 진화할 것으로 기대된다. 이러한 향수는 사람들의 일상 속에서, 그리고 특별한 순간들 속에서 깊은 감정적 연결을 형성하며, 한국 사회에서의 중요한 문화적 상징으로 남아있을 것이다.

Part. 2
인류 최초의 향기 아로마

KAIROS PERFUME STORY

좋은 향기란?

향기가 좋다는 것은 후각 세포를 통해 맡은 향이 매력이 있다는 것이다. 좋은 향기란 우리의 감각을 자극하고 긍정적인 감정을 불러일으키는 향을 의미한다. 이러한 향기는 일반적으로 상쾌하고 기분 좋은 느낌을 주며, 사람들에게 편안함과 행복을 안겨준다. 좋은 향기는 여러 가지 요소로 구성될 수 있으며, 각 요소는 우리 삶에서 특별한 역할을 한다.

첫째, 자연에서 오는 향기는 매우 중요한 요소이다. 꽃의 향기, 풀냄새, 바다의 짭짤한 향기 등은 자연의 아름다움을 담고 있으며, 이러한 향기는 종종 치유와 힐링의 느낌을 준다. 예를 들어, 봄에 만발한 벚꽃의 향기는 우리에게 상쾌함을 주고, 여름의 바다 향기는 휴식과 자유를 떠올리게 한다. 이러한 자연의 향기는 우리가 스트레스를 해소하고 마음을 안정시키는 데 큰 도움을 주며, 삶의 작은 행복을 발견하게 해준다.

둘째, 음식에서 나오는 향기도 좋은 향기로 여겨진다. 요리할 때 나는 맛있는 음식의 향기는 사람들에게 배고픔을 자극하고, 따뜻한 가정의 느낌을 전달한다. 특히, 어머니가 요리할 때 나는 향기는 많은 이들에게 깊은 기억과 감정을 불러일으킨다. 예를 들어, 어릴 적 어머니가 만들어주신 된장찌개의 구수한 향기는 가족의 사랑과 정을 상기시켜 주며, 그런 향기를 맡을 때마다 그리운 추억이 떠오르기도 한다. 이처럼 음식의 향기는 단순한 냄새를 넘어 우리의 정서와 연결된 중요한 요소이다.

셋째, 향수나 아로마오일과 같은 인위적인 향기도 좋은 향기로 여겨진다. 이러한 향수는 개인의 취향에 따라 선택할 수 있으며, 자신만의 독특한 매력을 표현하는 방법이 된다. 향수는 때로는 사람의 이미지를 더욱 돋보이게 하여, 자신감을 주기도 한다. 예를 들어, 특별한 날에 자신이 좋아하는 향수를 뿌리고 외출할 때, 그 향기는 자신을 더욱 매력적으로 느끼게 해주고, 다른 사람들에게 긍정적인 인상을 남길 수 있다. 향수는 또한 특정한 순간이나 사람과 연관되어 기억에 남기도 하며, 그로 인해 우리는 향수를 통해 다양한 감정을 경험하게 된다.

결론적으로, 좋은 향기는 단순히 후각적인 경험을 넘어서, 우리의 감정, 기억, 그리고 관계에 깊은 영향을 미치는 중요한 요소이다. 이러한 향기를 통해 우리는 일상의 소소한 행복을 발견하고, 삶을 더욱 풍요롭게 만들어갈 수 있다. 우리의 삶 속에서 좋은 향기를 찾아보고, 그 향기를 만끽하며 즐기는 것은 우리의 정신적, 정서적 건강에도 긍정적인 영향을 미칠 것이다. 향기는 우리에게 많은 이야기를 들려주며, 그 속에서 우리는 자신의 정체성을 발견하고, 삶의 의미를 더욱 깊게 이해할 수 있다.

좋은 향기가 주는 기분 좋은 효과는 여러 가지가 있다. 향기를 통해 우리는 일상의 작은 행복을 발견하고, 더 나아가 삶의 질을 향상시킬 수 있는 기회를 갖게 된다. 이러한 효과는 우리의 감정, 정신적 안정, 그리고 신체 건강에 긍정적인 영향을 미친다. 자세히 살펴보면 다음과 같다.

첫째, 스트레스 완화이다. 좋은 향기는 심리적 안정감을 주며, 스트레스를 줄이는 데 도움을 준다. 예를 들어, 라벤더 향기는 긴장을 풀어주고, 마음을 편안하게 만들어 불안감을 해소하는 데 효과적이다. 많은 사람들은 향기를 통해 일상에서의 긴장을 해소하고, 마음의 평화를 찾는다.

둘째, 기분 전환이다. 특정한 향기는 기분을 좋게 만들어주기도 한다. 상큼한 감귤 향기나 신선한 민트 향기는 활력을 주며, 우울한 기분을 날려버리는 데 큰 도움을 준다. 이러한 향기는 일상적인 피로감을 잊게 하고, 새로운 에너지를 불어넣어 준다.

셋째, 기억과 감정의 연결이다. 좋은 향기는 특정한 기억이나 감정을 떠올리게 하는 힘이 있다. 이는 향수가 특정 순간이나 사람과 연결되어, 그 기억을 다시 불러오는 역할을 한다. 예를 들어, 어린 시절의 특정 음식 향기는 그 시절의 행복한 기억을 떠올리게 하여, 기분을 좋게 만들어준다.

넷째, 집중력 향상이다. 일부 향기는 집중력을 높이고, 작업의 효율성을 증가시키는 데 도움을 줄 수 있다. 예를 들어, 로즈마리나 레몬 향기는 뇌의 활성화를 도와주어, 학습이나 업무에 몰입할 수 있는 환경을 조성해 준다.

마지막으로, 사회적 연결감 증진이다. 좋은 향기는 사람들 간의 관계를 더욱 돈독하게 만들어준다. 향기가 나는 공간에서는 사람들끼리의 대화가 활발해지고, 편안한 분위기가 조성되어 서로의 마음을 열게 만든다. 이러한 사회적 상호작용은 인간관계에서 중요한 역할을 하며, 공동체 의식을 강화하는 데 기여한다.

좋은 향기는 단순한 후각적 경험을 넘어, 우리의 감정과 정신적 안정, 사회적 관계에까지 긍정적인 영향을 미친다. 향기를 통해 우리는 일상의 작은 행복을 발견하고, 더 나아가 삶의 질을 향상시킬 수 있는 기회를 갖게 된다.

좋은 향기가 스트레스 해소에 도움을 주는 방식은 여러 가지가 있다. 이러한 효과는 주로 향기의 화학적 성분과 우리의 후각 시스템이 상호작용하면서 발생한다.

1. 신경계 안정

특정 향기는 뇌의 신경계를 자극하여 스트레스를 완화하는 데 도움을 준다. 예를 들어, 라벤더, 카모마일, 일랑일랑과 같은 향기는 뇌의 편안함을 유도하는 화학 물질인 세로토닌과 같은 신경전달물질의 분비를 촉진한다. 이는 긴장을 완화하고 기분을 좋게 만들어준다.

2. 호르몬 조절

좋은 향기는 스트레스 호르몬인 코르티솔의 수치를 낮추는 데 기여할 수 있다. 연구에 따르면, 특정 향기를 맡을 때 코르티솔 수치가 감소하고, 이는 스트레스 반응을 줄이는 데 도움을 준다. 예를 들어, 시트러스 향이나 로즈마리 향기는 이러한 효과가 있는 것으로 알려져 있다.

3. 마음의 집중

향기는 현재 순간에 집중할 수 있도록 도와준다. 스트레스를 받을 때 주의력이 분산되기 쉬운데, 향기를 맡으면 그 순간에 집중하게 되어 마음이 안정된다. 이는 명상이나 요가와 같은 이완 기법과 결합할 때 더욱 효과적이다.

4. 긍정적인 기억과 연계

좋은 향기는 특정한 기억이나 감정과 연결되어 있다. 예를 들어, 어릴 적의 특정 음식 향기는 그 시절의 행복한 기억을 떠올리게 하여 현재의 스트레스를 잊게 해준다. 이러한 기억은 마음을 편안하게 하고 긍정적인 감정을 불러일으킨다.

5. 환경 조성

향기는 우리가 있는 공간의 분위기를 변화시킨다. 상쾌하고 기분 좋은 향기가 나는 공간은 자연스럽게 마음을 편안하게 만들어준다. 예를 들어, 아로마 디퓨저를 사용해 라벤더나 유칼립투스 같은 향기를 퍼뜨리면, 스트레스가 많은 환경에서도 휴식과 안정을 느낄 수 있다.

6. 사회적 상호작용 촉진

좋은 향기는 사람들 간의 관계를 더욱 원활하게 만들어준다. 향기가 나는 공간에서는 대화가 활발해지고, 편안한 분위기가 조성되어 서로의 마음을 열게 만든다. 이는 심리적 안정감을 높이고, 스트레스를 줄이는 데 기여한다.

좋은 향기는 우리의 신경계와 호르몬, 기억, 환경에 긍정적인 영향을 미쳐 스트레스 해소에 도움을 준다. 이러한 효과를 활용하여 일상 속에서 향기를 통해 더욱 편안하고 안정된 마음을 유지할 수 있다.

향기의 과학
우리의 감각을 자극하는 비밀

향기는 단순히 기분을 좋게 만들 뿐만 아니라, 우리의 감정, 기억, 심리적 상태에 깊은 영향을 미치는 중요한 역할을 한다. 향기는 그 자체로 우리의 삶의 질을 높일 수 있는 귀중한 자원이다.

1. 향기의 정의와 종류

향기는 공기 중에 퍼져 있는 분자들이 우리의 후각 수용체에 도달할 때 느껴지는 감각이다. 이 향기는 크게 두 가지로 나눌 수 있다.

천연 향기: 꽃, 과일, 나무 등 자연에서 유래한 향기로, 예를 들어 장미의 향기나 오렌지의 상큼한 향기가 이에 해당한다. 이러한 향기는 자연의 아름다움과 생명력을 그대로 담고 있어, 사람들에게 안정감과 편안함을 준다.

합성 향기: 화학적으로 제조된 향기로, 주로 화장품, 향수, 음식 등에 사용된다. 이러한 향기는 자연에서 발견되는 향기를 모방하거나 새로운 조합으로 만들어져, 소비자에게 다양한 선택지를 제공한다.

2. 향기의 작용 원리

향기는 우리의 코안에 있는 후각 수용체에 의해 감지된다. 후각 수용체는 특정 화학 물질에 반응하여 신경 신호를 생성하고, 이 신호는 뇌의 후각 신경으로 전달된다. 뇌는 이 신호를 해석하여 특정 향기를 인식하게 된다.

후각 수용체: 인간은 약 400종의 후각 수용체를 가지고 있으며, 이들이 조합되어 수천 가지의 향기를 구분할 수 있다. 각 후각 수용체는 특정 화학 구조에 민감하게 반응하여, 다양한 향기를 인식할 수 있게 한다.

대뇌변연계: 향기는 뇌의 감정과 기억을 담당하는 대뇌변연계에 직접 연결되어 있어, 특정 향기가 과거의 기억이나 감정을 불러일으키기도 한다. 이로 인해 우리는 향기를 통해 잊지 못할 순간이나 소중한 기억을 떠올릴 수 있다.

3. 향기의 심리적 효과

향기는 우리의 기분과 감정에 큰 영향을 미친다.

- 라벤더: 불안감을 줄이고, 편안함을 주는 효과로 알려져 있다. 여러 연구에서도 라벤더 향기가 스트레스 수준을 낮추고 수면의 질을 향상시키는 데 도움을 준다는 결과가 나타났다.

- 레몬: 상쾌함을 주고, 집중력을 높이는 데 도움을 준다. 레몬 향기는 기분을 전환 시키고, 활력을 주는 데 효과적이다.

- 바닐라: 안정감과 따뜻함을 느끼게 해주며, 스트레스를 줄이는 데 효과적이다. 바닐라 향기는 사람들에게 친숙하고 편안한 느낌을 주며, 종종 아늑한 분위기를 연출하는 데 사용된다.

이처럼 향기는 단순한 기분 전환을 넘어, 심리적인 안정과 건강에 긍정적인 영향을 미칠 수 있다.

4. 향기와 기억

연구에 따르면, 특정 향기는 특정 기억과 깊이 연결되어 있는 경우가 많다. 예를 들어, 어린 시절 먹었던 음식의 향기가 나면 그때의 추억이 떠오르는 것처럼 말이다. 이는 후각이 다른 감각보다 더 강하게 기억을 자극하기 때문이다. 후각은 뇌의 기억을 관장하는 해마와 밀접하게 연결되어 있어, 향기가 특정 감정이나 사건과 연관되어 기억될 가능성이 높다.

5. 향기를 활용한 치료

향기는 최근 대체 의학에서도 주목받고 있다. 아로마테라피는 특정 향기를 통해 신체적, 정신적 치유를 도모하는 방법으로, 스트레스 완화, 불안 감소, 수면 개선 등에 효과가 있다고 알려져 있다. 이러한 치료법은 향기의 과학적인 원리를 활용하여 몸과 마음의 균형을 찾는 데 도움을 준다.

 향기의 과학은 단순히 기분을 좋게 만드는 것을 넘어, 우리의 감정과 기억, 그리고 건강에 깊은 영향을 미치는 중요한 요소이다. 일상에서 향기를 즐기면서 그 과학적인 원리를 이해하고 활용해 보면, 삶의 질을 더욱 높일 수 있을 것이다.

아로마의 정의와 종류

아로마는 단순히 기분 좋은 향기 이상의 의미를 지니며, 우리의 기분을 변화시키고, 특정한 순간이나 장소를 떠올리게 하는 강력한 힘을 가지고 있다. 특히 아로마테라피는 이러한 향기를 활용하여 정신적, 신체적 건강을 증진시키는 방법으로 널리 알려져 있다.

〈아로마의 정의〉

아로마는 주로 식물에서 추출된 에센셜 오일이나 향료를 통해 만들어지는 향기를 의미한다. 이 향기는 식물의 꽃, 잎, 줄기, 뿌리 등 다양한 부분에서 추출될 수 있으며, 각 식물마다 고유한 특성과 향기를 지니고 있다. 예를 들어, 장미는 우아하고 부드러운 향기를, 시나몬은 따뜻하고 매혹적인 향기를 가지고 있다. 아로마는 자연에서 유래된 것으로, 화학적 성분이 아닌 자연의 힘을 통해 건강과 웰빙을 도모하는 데 중점을 둔다. 이러한 자연적인 접근은 현대 사회에서 점점 더 많은 이들이 찾고 있는 대체 요법의 중요한 부분이 되었다.

〈아로마의 종류〉

아로마는 크게 두 가지로 나눌 수 있다.

-에센셜 오일
에센셜 오일은 식물에서 추출된 농축된 오일로, 각기 다른 특성과 향기를 가지고 있다. 예를 들어, 라벤더 오일은 스트레스를 줄이고 마음을 진정시키는 효과가 있으며, 페퍼민트 오일은 상쾌한 기분을 주고 집중력을 높이는 데 도움을 준다.

-디퓨저와 향초
아로마 디퓨저나 향초는 에센셜 오일을 사용하여 공간에 향기를 퍼뜨리는 방법이다. 이들은 실내 분위기를 조성하고 스트레스를 줄이는 데 도움을 준다. 또한, 향초는 불꽃을 통해 시각적인 편안함도 제공하여, 아로마테라피와 함께 감정적으로도 안정감을 느낄 수 있게 한다.

아로마테라피는 에센셜 오일을 이용하여 신체적, 정신적 건강을 증진시키는 대체 요법이다. 다양한 식물에서 추출한 오일을 사용하여 불안, 스트레스, 통증 등을 완화하는 데 도움을 주며, 여러 가지 효능이 있다.

다음은 아로마테라피의 주요 효능이다.

1. 스트레스 완화

아로마테라피의 가장 큰 장점 중 하나는 스트레스를 줄이는 데 도움을 준다는 것이다. 라벤더, 카모마일, 베르가못 등의 에센셜 오일은 신경을 진정시키고 마음을 편안하게 해주는 효과가 있다. 이러한 향기는 심리적 안정감을 주고, 긴장을 풀어주는 데 도움을 준다.

2. 수면 개선

불면증이나 수면 장애로 고생하는 사람들에게 아로마테라피는 매우 유용할 수 있다. 라벤더 오일은 수면의 질을 향상시키는 데 효과적이며, 편안한 분위기를 조성하여 쉽게 잠들 수 있도록 도와준다. 또한, 시더우드나 일랑일랑 오일도 수면을 촉진하는 데 도움을 줄 수 있다.

3. 면역력 증진

일부 에센셜 오일은 면역 시스템을 강화하는 데 도움을 줄 수 있다. 유칼립투스와 티트리 오일은 항균 및 항바이러스 특성이 있어 감기나 독감 예방에 효과적이다. 이들 오일은 호흡기 건강을 개선하고, 감염 위험을 줄이는 데 도움을 줄 수 있다.

4. 통증 완화

아로마테라피는 통증 관리에도 효과적이다. 페퍼민트, 진저, 로즈마리 오일은 근육 통증이나 두통을 완화하는 데 도움을 줄 수 있다. 이러한 오일들은 혈액 순환을 촉진하고, 염증을 줄이는 효과가 있어, 긴장된 근육을 풀어주는 데 유용하다.

5. 집중력 향상

집중력이 떨어질 때 아로마테라피를 활용하면 효과적이다. 레몬, 로즈마리, 페퍼민트 오일은 머리를 맑게 하고 집중력을 높이는 데 도움을 줄 수 있다. 이들 향기는 정신적 피로를 줄이고, 작업 효율성을 향상시키는 데 기여한다.

6. 기분 개선

아로마테라피는 기분을 좋게 하고 우울감을 완화하는 데도 도움을 줄 수 있다. 오렌지, 자몽, 일랑일랑 오일은 긍정적인 감정을 불러일으키고, 우울한 기분을 개선하는 데 효과적이다. 이러한 향기는 기분 전환을 도와주고, 일상에서의 스트레스를 줄이는 데 기여한다.

7. 피부 건강

아로마테라피는 피부 건강에도 긍정적인 영향을 미친다. 티트리 오일은 여드름 치료에 효과적이며, 라벤더 오일은 피부 염증을 진정시키는 데 도움을 줄 수 있다. 또한, 로즈 오일은 피부의 탄력을 높이고 노화 방지에 효과적이다.

아로마테라피는 다양한 방법으로 우리의 건강과 웰빙을 증진시킬 수 있는 효과적인 접근법이다. 각 에센셜 오일의 특성과 효능을 이해하고, 이를 생활 속에서 적절히 활용함으로써 스트레스 감소, 수면 개선, 면역력 증진 등 여러 가지 혜택을 누릴 수 있다. 아로마테라피는 자연의 힘을 활용한 대체 요법으로, 현대인의 삶에 긍정적인 변화를 가져다줄 수 있다.

〈아로마의 활용 방법〉

아로마를 생활에 쉽게 접목할 수 있는 방법은 다양하다.

-아로마테라피 마사지
에센셜 오일을 사용한 마사지는 몸의 긴장을 풀고 혈액 순환을 촉진하는 데 도움을 준다. 이 과정에서 아로마의 효과를 더욱 극대화할 수 있다.

-욕조에 추가하는 방법
목욕할 때 에센셜 오일을 몇 방울 떨어뜨리면, 온몸이 편안해지고 아로마의 효과를 느낄 수 있다.

-디퓨저 사용
아로마 디퓨저를 통해 집안이나 사무실에 향기를 퍼뜨리면, 쾌적한 분위기를 조성할 수 있다.

-향초를 활용하는 방법
아로마 향초를 켜면, 불을 밝히는 것뿐만 아니라 향기를 통해 감정적인 치유를 경험할 수 있다. 이러한 다양한 방법들은 각각의 상황에 맞게 아로마를 활용할 수 있는 좋은 기회를 제공한다.

사상체질과 아로마테라피

　아로마테라피와 사상체질의 관계는 개인의 체질에 적합한 아로마 오일을 선택하여 심신의 균형을 맞추고 건강을 증진시키는 데 매우 중요한 역할을 한다. 특히 에센셜 오일은 농축된 오일 형태로 더 강한 효능과 에너지를 가지고 있다. 아로마테라피는 단순히 향기를 즐기는 것을 넘어, 각 개인의 체질에 맞는 오일을 활용하여 심리적 안정과 신체적 건강을 동시에 도모할 수 있는 방법으로, 이를 통해 보다 효과적인 치료와 관리가 가능해진다.

아로마테라피의 기본 원리

아로마테라피는 자연에서 추출한 에센셜 오일을 사용하여 신체적, 정신적, 감정적 문제를 치료하는 방법이다. 다양한 식물에서 추출되는 오일은 각각 독특한 화학 성분을 가지고 있으며, 이들은 후각을 통해 뇌로 전달되어 감정과 기분을 조절하는 데 기여한다. 예를 들어, 라벤더 오일은 불안과 스트레스를 줄이는 데 효과적이며, 오렌지 오일은 기분을 좋게 만드는 데 도움을 줄 수 있다. 또한, 아로마 오일은 피부에 직접 적용했을 때 피부를 통해 흡수되어 다양한 생리적 효과를 가져올 수 있어, 물리적 증상 개선에도 기여한다.

사상체질의 이해

사상체질은 한국 전통 의학의 핵심적인 이론 중 하나로, 사람을 네 가지 체질로 분류하고 각 체질에 따라 건강 관리 및 치료 방법이 다르게 적용된다는 원리를 가지고 있다. 이 체질들은 태음인, 소양인, 소음인, 태양인으로 나뉘며, 각 체질은 신체적 특성뿐만 아니라 정신적, 감정적 특성도 포함한다. 예를 들어, 태음인은 체중이 쉽게 증가하는 경향이 있고, 소양인은 에너지가 넘치는 특성을 가진다. 이러한 체질을 이해함으로써, 개인의 건강 문제를 보다 면밀히 접근할 수 있다.

아로마테라피와 사상체질의 연계

1. 개인 맞춤형 접근

사상체질에 따라 각 개인의 건강 상태와 심리적 특성을 이해하고, 이에 적합한 아로마 오일을 선택하여 활용함으로써 보다 개인화된 치료가 가능하다. 예를 들어, 소음인은 스트레스에 취약하므로, 진정 효과가 있는 오일을 선택하는 것이 중요하다.

2. 정신적 안정

각 체질에 적합한 아로마 오일은 스트레스와 불안을 줄이고, 감정적 안정감을 제공하는 데 도움을 줄 수 있다. 태음인은 라벤더 오일을 통해 긴장을 완화하고 안정감을 느낄 수 있으며, 소양인은 시트러스 계열의 오일을 통해 에너지를 얻어 활력을 느낄 수 있다.

3. 신체적 이점

특정 체질에 적합한 아로마 오일은 신체적 문제를 해결하는 데도 효과적이다. 예를 들어, 소양인은 로즈마리 오일을 통해 에너지를 증진시키고 집중력을 높일 수 있으며, 소음인은 캐모마일 오일을 통해 소화기 문제를 완화할 수 있다.

4. 예방적 관리

아로마테라피는 질병 예방에도 도움을 줄 수 있다. 각 체질에 맞는 오일을 정기적으로 사용함으로써 면역력을 높이고, 건강을 유지하는 데 기여할 수 있다.

다음은 각 체질에 맞는 아로마 오일의 추천이다.

〈 태양인 〉

추천 오일: 레몬, 페퍼민트, 로즈마리

효과: 에너지를 증진시키고 피로를 회복하는 데 도움이 된다. 상쾌한 향은 집중력과 기분을 개선하는 데 유용하다.

〈 태음인 〉
추천 오일: 라벤더, 카모마일, 일랑일랑
효과: 긴장을 완화하고 안정감을 제공한다. 스트레스와 불안을 줄여주는 효과가 있어 편안한 환경을 조성하는 데 도움을 준다.

〈 소양인 〉
추천 오일: 로즈마리, 자스민, 베르가못
효과: 창의성과 집중력을 높여주는 데 유용하다. 기분을 상쾌하게 하고, 에너지를 북돋아 주는 효과가 있다.

〈 소음인 〉
추천 오일: 오렌지, 일랑일랑, 패출리
효과: 감정의 안정과 편안함을 제공한다. 부드러운 향이 스트레스를 줄이고, 기분을 안정시키는 데 도움이 된다.

아로마테라피와 사상체질의 관계는 개인 맞춤형 건강 관리를 가능하게 한다. 각 체질에 적합한 아로마 오일을 선택하여 사용하면, 심신의 균형을 맞추고 건강을 증진시키는 데 도움이 된다. 따라서 아로마테라피를 활용한 사상체질 관리는 건강한 삶을 위한 효과적인 방법이 될 수 있으며, 각 개인의 체질에 맞춘 아로마 오일 선택은 보다 건강하고 행복한 삶을 영위하는 데 중요한 요소가 될 것이다. 이처럼, 아로마테라피와 사상체질의 연결 고리는 현대인의 삶에서 더욱 중요한 역할을 하게 될 것이다.

Part. 3
향수의 모든 것 <A TO Z>

KAIROS PERFUME STORY

향수의 노트

향수는 다양한 성분으로 구성되어 있으며, 각 성분은 향수의 향과 지속성, 그리고 전체적인 느낌에 큰 영향을 미친다. 일반적으로 향수는 다음과 같은 세 가지 주요 구성 요소로 나눌 수 있다. 탑 노트(Top note), 미들 노트(Middle note), 베이스 노트(Base note).

향수의 노트는 '향의 성격, 후각적인 느낌'을 말하는 단어이다. 이러한 각 노트는 향수의 전체적인 향을 형성하며, 시간이 지남에 따라 서로 다른 방식으로 발향 되어 조화를 이루면서도 입체적인 향기를 만들어낸다. 노트와 함께 쓰는 단어 중에 '어코드'가 있는데 이 두 단어 모두 음악 용어에서 비롯되었다. '어코드'는 화음을 뜻하는 단어로 향료들이 만나서 조화를 잘 이룬다는 뜻이다. 그래서 흔히 '어코드가 좋다.' 하면 '향의 조화가 잘 이루어진다' 라는 뜻이다.

향수의 노트가 서로 잘 연결되고 보완될 때, 소비자는 향수의 매력을 한층 더 깊이 느낄 수 있다. 이 세 가지 노트가 조화를 이루어야 비로소 매력적인 향을 만들어낸다. 조향사들은 각 성분의 비율을 조절하여 균형 잡힌 향을 만들어내며, 소비자의 취향에 맞는 다양한 향수를 개발한다. 또한, 향수에는 알코올, 물, 그리고 다양한 향료가 포함되어 있어, 향수마다 독특한 특성을 부여한다. 향수의 구성 요소는 단순한 향기가 아니라, 감정과 기억을 불러일으키는 중요한 역할을 한다. 향수를 선택할 때는 이 구성 요소를 이해하고, 자신의 스타일과 취향에 맞는 향수를 찾아보는 것이 좋다.

향수의 세 가지 노트는 각각의 역할이 명확하게 구분되어 있지만, 이들이 서로 연결되고 보완하는 방식으로 조화를 이룬다. 첫 번째로, 탑 노트는 향수를 처음 사용할 때의 즉각적인 인상을 제공한다. 이 노트는 대개 상쾌하고 경쾌한 향으로 구성되어 있어 소비자의 관심을 끌어내며, 향수에 대한 긍정적인 첫인상을 남긴다. 이러한 첫인상은 소비자가 향수를 선택하는 데 있어 매우 중요한 역할을 하며, 향수에 대한 기대감을 높이기도 한다. 예를 들어, 시트러스 계열의 탑 노트는 상큼한 기분을 불러일으켜 주며, 이는 소비자가 향수를 사용하고 싶어 하게 만든다.

탑 노트가 사라진 후에는 미들 노트가 나타나게 된다. 미들 노트는 향수의 본질적인 특성을 드러내며, 탑 노트의 상쾌함과 베이스 노트의 깊이를 연결하는 역할을 한다. 이 노트는 향수의 주제를 이끌어 나가는 중요한 요소로 작용하여, 소비자가 향수를 사용하면서 느끼는 감정의 변화를 유도한다. 미들 노트는 향수의 성격을 더욱 뚜렷하게 만들어주며, 소비자가 향수를 사용하면서 느끼는 다양한 감정과 연상을 더욱 풍부하게 해준다.

마지막으로 베이스 노트는 향수의 깊이와 지속력을 제공한다. 이 노트는 탑 노트와 미들 노트가 사라진 후에도 남아 향수의 잔향을 만들어내며, 향수의 전체적인 경험을 마무리한다. 베이스 노트의 성분은 향수의 여운을 결정짓고, 사용자에게 강한 인상을 남기게 된다. 이와 같은 세 가지 노트의 조화로운 결합은 향수의 매력을 극대화하는 요소다.

향수의 조화는 소비자의 향수 경험을 풍부하게 만들어준다. 잘 조화된 향수는 각 노트가 서로를 보완하며, 복합적인 향을 만들어낸다. 예를 들어, 상큼한 탑 노트가 미들 노트의 플로럴 향과 잘 어우러지면, 전체적으로 화사하고 매력적인 느낌을 줄 수 있다. 반면, 탑 노트가 너무 강하거나 미들 노트와의 연결이 약하면 향수의 균형이 깨져 소비자가 느끼는 감정이 불균형해질 수 있다. 이처럼 조화의 중요성은 단순히 향의 조합을 넘어서, 소비자가 향수를 경험하는 방식에 깊은 영향을 미친다.

예를 들어, 시트러스 계열의 탑 노트가 담긴 향수는 상쾌하고 밝은 느낌을 주며, 이는 미들 노트의 장미나 자스민과 잘 어우러져 부드럽고 로맨틱한 분위기를 만들어낸다. 이러한 조화는 소비자에게 긍정적인 감정을 유도하고, 향수의 사용 경험을 더욱 특별하게 만들어준다. 이후 베이스 노트에서 우디한 샌달우드나 따뜻한 바닐라가 등장하면, 향수는 더욱 깊이 있는 여운을 남기게 된다. 이처럼 각 노트가 서로의 특성을 살리며 조화롭게 어우러지는 것은 향수의 매력을 극대화하는 요소로 작용한다.

향수의 구조

1. 탑 노트 (Top Notes)

정의: 탑 노트는 향수를 처음 뿌렸을 때 가장 먼저 느끼는 향으로, 소비자에게 첫인상을 제공하는 역할을 한다. 이 노트는 향수의 특성을 결정짓는 중요한 요소로, 상쾌하고 가벼운 성질을 지니고 있다.

특징: 탑 노트는 일반적으로 빠르게 발향 되며, 지속 시간은 보통 5분에서 30분 정도이다. 이 짧은 시간 동안 향수의 매력을 극대화하기 위해 신선하고 매력적인 성분들로 구성되며, 처음 향을 맡았을 때의

기분 좋은 느낌을 강조한다. 따라서 탑 노트는 소비자가 향수를 선택할 때 가장 큰 영향을 미치는 요소 중 하나이다.

예시 성분: 일반적으로 사용되는 탑 노트 성분으로는 시트러스 계열의 레몬, 오렌지, 자몽 등이 있으며, 이들은 상큼함과 활력을 주는 특징을 지니고 있다. 또한 허브 계열의 민트와 바질, 과일 계열의 사과와 배 등도 자주 사용되어, 향수의 첫인상을 더욱 생동감 있게 만들어준다.

2. 미들 노트 (Middle Notes)

정의: 미들 노트는 탑 노트가 사라진 후에 나타나는 향으로, 향수의 본질적인 특성을 나타낸다. 이 노트는 'Heart Note'라고도 불리는데 심장처럼 중요한 역할을 하기 때문이다, 향수의 중심을 형성하여 전체적인 조화를 이루는 데 중요한 역할을 한다.

특징: 미들 노트는 일반적으로 30분에서 2시간 정도 지속되며, 향수의 성격과 분위기를 결정짓는 데 매우 중요한 요소이다. 이 노트는 탑 노트와 베이스 노트를 연결하는 다리 역할을 하며, 향수가 전하는 감정과 느낌을 깊게 만들어준다. 미들 노트는 향수의 주제를 이끌어 가는 중심적인 역할을 하며, 소비자가 향수를 사용하면서 느끼는 감정의 변화를 유도한다.

예시 성분: 플로럴 계열의 장미와 자스민은 부드럽고 로맨틱한 느낌을 주며, 스파이시 계열의 계피와 정향은 따뜻하고 매혹적인 분위기를

만들어낸다. 또한 복숭아와 플럼 같은 과일 성분은 달콤하고 과즙이 풍부한 느낌을 더해주어, 향수의 복합적인 매력을 더한다.

3. 베이스 노트 (Base Notes)

정의: 베이스 노트는 향수의 마지막 단계로, 향수를 뿌린 후 몇 시간에서 하루 이상 지속되는 깊고 풍부한 향이다. 이 노트는 향수의 깊이와 지속력을 제공하는 중요한 요소이다.

특징: 베이스 노트는 무겁고 풍부한 성질을 지니며, 향수의 전체적인 느낌을 완성한다. 이 노트는 다른 노트들이 사라진 후에도 오래 남아 향수의 잔향을 만들어내며, 사용자가 향수를 사용할 때 느끼는 만족감과 향의 여운을 극대화한다. 베이스 노트는 향수의 결말을 장식하며, 향수를 뿌린 후 오랜 시간 동안 여운을 남기기 때문에, 향수의 품질을 결정짓는 중요한 요소 중 하나이다.

예시 성분: 우디 계열의 샌달우드와 시더우드는 자연의 깊이 있는 향을 제공하며, 머스크는 부드럽고 관능적인 느낌을 더해준다. 바닐라와 앰버 등의 성분은 달콤하고 따뜻한 잔향을 남겨, 향수의 매력을 극대화하는 역할을 한다.

향수의 노트가 서로 잘 연결되고 보완될 때, 소비자는 향수의 매력을 한층 더 깊이 느낄 수 있다. 향수는 이 세 가지 노트가 조화를 이루어야 비로소 매력적인 향을 만들어낸다. 조향사들은 각 성분의 비율을 조절하여 균형 잡힌 향을 만들어내며, 소비자의 취향에 맞는 다양한 향수를 개발한다. 향수의 각 노트는 고유한 느낌과 분위기를 전달하며, 이를 통해 개인의 취향과 특정 상황에 맞는 향수를 찾는 데 큰 도움이 된다.

또한, 향수에는 알코올, 물, 그리고 다양한 향료가 포함되어 있어, 향수마다 독특한 특성을 부여한다. 향수의 구성 요소는 단순한 향기가 아니라, 감정과 기억을 불러일으키는 중요한 역할을 한다. 향수를 선택할 때는 이 구성 요소를 이해하고, 자신의 스타일과 취향에 맞는 향수를 찾아보고 적절한 제품을 고르는 것이 좋다.

다음은 노트에 따라 향수를 선택하는 몇 가지 팁이다.

1. 탑 노트에 주목하기

탑 노트는 향수를 처음 사용할 때 가장 먼저 느껴지는 향으로, 대개 신선하고 상큼한 느낌을 주는 향으로 구성되어 있다. 여기에는 시트러스 계열의 오렌지, 레몬 같은 향이나 프루티 계열의 사과, 복숭아 같은 향이 포함된다. 이러한 탑 노트는 사용자가 향수를 처음 만났을 때의 첫인상을 좌우하기 때문에 매우 중요하다. 만약 상쾌하고 경쾌한 느낌을 원한다면, 이러한 탑 노트가 포함된 향수를 선택하는 것이 좋다. 예를 들어, 여름철에는 시원한 느낌을 주는 탑 노트가 특히 잘 어울린다.

2. 미들 노트의 중요성

미들 노트는 향수의 중심적인 느낌을 결정짓는 중요한 요소로, 이 노트를 잘 고려해야 한다. 부드럽고 로맨틱한 느낌을 원한다면 플로럴 계열의 향수를 선택하는 것이 좋고, 좀 더 이국적이고 따뜻한 느낌을 원한다면 스파이시 계열의 향수가 적합하다. 미들 노트는 탑 노트 이후에 나타나며, 향수의 성격을 더욱 강조하는 역할을 한다.

3. 베이스 노트로 깊이를 더하기

베이스 노트는 향수의 마지막 단계에서 느껴지며, 깊고 풍부한 여운을 남긴다. 시간이 지나도 향이 지속되기를 원한다면 이러한 베이스 노트가 포함된 향수를 선택하는 것이 좋다. 베이스 노트는 향수의 전체적인 인상을 마무리 지어주는 역할을 하며, 사용자가 느끼는 향의 깊이를 더해준다.

4. 계절과 상황을 고려하기

향수를 선택할 때는 계절과 상황도 고려해야 한다. 여름철에는 시원하고 가벼운 향이 잘 어울리므로, 시트러스나 프루티 노트가 포함된 향수를 추천한다. 상큼한 향은 더위 속에서도 기분을 상쾌하게 만들어 준다. 반면 겨울철에는 따뜻하고 깊은 향이 잘 어울리므로, 우디나 오리엔탈 계열의 향수를 선택하는 것이 좋다. 또한, 특별한 행사나 일상적인 상황에 따라 향수를 달리 선택하는 것도 좋은 방법이다. 예를 들어, 결혼식이나 중요한 미팅에서는 좀 더 세련된 향수를 선택하고, 일상적인 외출에는 편안한 향수를 사용하는 것이 바람직하다.

5. 개인 취향 반영하기

각 개인의 취향에 따라 향수의 선택은 달라질 수 있다. 어떤 사람은 플로럴 향을 강하게 선호할 수 있고, 또 다른 사람은 스파이시한 향을 좋아할 수 있다. 따라서 자신이 좋아하는 향의 유형을 파악하는 것이 매우 중요하다. 향수를 시향 할 때는 여러 가지 향을 비교해 보며, 자신에게 가장 잘 어울리는 향을 찾는 것이 좋다. 자신이 어떤 향을 좋아하는지 이해하면, 향수를 선택하는 과정이 훨씬 수월해질 것이다.

6. 테스트 후 결정하기

향수를 선택할 때는 반드시 직접 시향 해 보는 것이 중요하다. 피부에 직접 테스트 해 보면, 개인의 체취와 어우러져 향이 어떻게 변하는지를 확인할 수 있다. 또한, 시간이 지나면서 탑 노트가 사라지고 미들 노트와 베이스 노트가 드러나는 과정을 통해 향수의 전체적인 성격을 이해할 수 있다.

7. 유행과 트렌드 살펴보기

향수의 트렌드는 매년 변할 수 있으므로, 최신 유행을 살펴보는 것도 좋다. 새로운 향수 출시나 인기 있는 향의 특성을 알아보면, 보다 세련된 선택을 할 수 있다. 하지만 유행에만 의존하기보다는 자신의 취향과 잘 맞는 향수를 선택하는 것이 중요하다.

이러한 팁을 통해 향수를 선택할 때, 노트의 특성을 잘 활용하여 자신에게 맞는 완벽한 향수를 찾을 수 있기를 바란다. 향수는 단순한 제품이 아니라, 개인의 정체성과 감정을 표현하는 중요한 수단이므로, 신중하게 선택하는 것이 좋다.

향수의 분류

1. 농도에 따른 분류

향수는 그 농도에 따라 다양한 종류로 나뉘며, 각 농도는 향의 강도와 지속 시간에 큰 영향을 미친다. 향수의 농도는 에센셜 오일과 알코올의 비율에 따라 결정되며, 이는 사용자의 선호도와 상황에 맞는 선택을 가능하게 한다. 아래에서 향수의 농도에 따른 주요 분류를 자세히 살펴보도록 하겠다.

1> 퍼퓸 (Parfum)

퍼퓸은 가장 높은 농도의 향수로, 에센셜 오일의 함량이 20%에서 30% 이상이다. 이로 인해 향기는 매우 강렬하고, 지속 시간도 길어 보통 6시간 이상 유지된다. 퍼퓸은 소량만 사용해도 효과적이기 때문에, 가격이 다소 비싸더라도 그 가치를 제공한다. 특별한 날이나 중요한 행사에서 사용하기에 적합하며, 한 번의 분사로도 충분한 향기를 느낄 수 있다.

2) 오 드 퍼퓸 (Eau de Parfum, EDP)

오 드 퍼퓸은 에센셜 오일의 함량이 15%에서 20% 정도로, 퍼퓸보다는 덜 농축되어 있지만 여전히 강한 향을 제공한다. 지속 시간은 보통 4시간에서 8시간 사이로, 일상적인 사용에 적합하다. 이 유형의 향수는 특별한 날뿐만 아니라 매일 사용할 수 있는 향수를 원하는 사람들에게 인기가 많다. 오 드 퍼퓸은 저녁 외출이나 특별한 모임에 잘 어울리는 선택이다.

3) 오 드 뚜왈렛 (Eau de Toilette, EDT)

오 드 뚜왈렛은 에센셜 오일 함량이 5%에서 15%로, 가벼운 향을 제공한다. 지속 시간은 3시간에서 5시간 정도로, 일상적인 사용에 적합하며, 여러 번 뿌려도 부담이 없다. 특히 여름철에 많은 사람들이 선호하는 제품이다. 이 향수는 활동적인 라이프스타일을 가진 사람들에게 적합하며, 가벼운 향으로 기분 전환을 원하는 경우에 적합하다.

4) 오 드 코롱 (Eau de Cologne, EDC)

오 드 코롱은 에센셜 오일 함량이 2%에서 5%로, 가장 가벼운 농도의 향수다. 지속 시간은 1시간에서 3시간 정도로, 자주 뿌려주어야 한다. 주로 상쾌함을 원할 때나 운동 후에 사용하기 좋다. 여름철에는 기분 전환을 위해 자주 사용하는 것이 좋으며, 친구들과의 만남이나 가벼운 외출 시에도 적합하다.

5) 바디 스프레이 (Body Spray)

바디 스프레이는 향수보다 훨씬 낮은 농도로, 보통 1%에서 3%의 에센셜 오일이 포함되어 있다. 주로 몸이나 머리카락에 사용되며, 즉각적인 상쾌함을 주는 데 사용된다. 특히 여름철이나 운동 후에 사용하기 좋으며, 부담 없이 자주 사용할 수 있는 장점이 있다. 바디 스프레이는 일상적인 상황에서 가볍게 상쾌함을 주고 싶을 때 적합한 선택이다.

향수의 농도에 따른 분류는 사용자의 필요와 상황에 따라 적절한 선택을 가능하게 한다. 농도마다 강도와 지속 시간이 다르기 때문에, 자신의 라이프 스타일과 취향에 맞는 향수를 선택하는 것이 중요하다. 퍼퓸이나 오 드 퍼퓸은 특별한 순간에 적합하고, 오 드 뚜왈렛이나 오 드 코롱은 일상적인 상황에서 활용하기 좋다. 바디 스프레이는 가벼운 기분 전환을 위해 언제든지 사용할 수 있는 실용적인 제품이다. 이러한 다양한 선택지를 통해 나만의 향기를 찾아보는 것도 향수의 매력을 느끼는 방법의 하나이다.

2. 향조에 따른 분류

향수는 그 향조에 따라 다양한 종류로 나뉘며, 각 향조는 독특한 특성과 느낌을 제공한다.

향수의 향조는 사용자의 기분, 상황, 계절에 따라 적절한 선택을 가능하게 한다. 각 향조는 독특한 특성과 느낌을 가지고 있으며, 자신에게 맞는 향수를 찾는 것은 개인의 스타일과 취향을 표현하는 중요한 방법이다. 다양한 향조를 경험해 보면서 나만의 향기를 찾아보는 것도 향수의 매력을 느끼는 좋은 방법이 될 것이다.

1〉 플로럴 (Floral)

플로럴 향조는 꽃의 향기를 주제로 한 향수로, 여성적인 느낌을 주는 경우가 많다. 장미, 자스민, 라벤더, 백합 등 다양한 꽃의 향이 조화를 이루며, 부드럽고 로맨틱한 분위기를 연출한다. 플로럴 향수는 주로 봄과 여름에 잘 어울리며, 여성스러운 매력을 강조하고 싶을 때 적합하다. 이 향조는 특히 데이트나 특별한 날에 사용하기 좋다.

2〉 프루티 (Fruity)

프루티 향조는 과일의 상큼하고 달콤한 향기를 담고 있는 향수다. 사과, 배, 복숭아, 베리류 등 다양한 과일의 향이 조화를 이루어 상쾌하고 경쾌한 느낌을 준다. 프루티 향수는 주로 캐주얼한 상황에서 사용되며, 활동적이고 젊은 느낌을 주고 싶을 때 적합하다. 여름철에 특히 인기가 많으며, 기분 전환이 필요할 때 좋은 선택이다.

3〉 우디 (Woody)

우디 향조는 나무의 따뜻하고 깊은 향기를 특징으로 하며, 주로 시더우드, 샌달우드, 파출리와 같은 향료가 포함된다. 이 향조는 남성적인 느낌이 강하고, 안정감과 성숙함을 느끼게 해준다. 우디 향수는 가을과 겨울철에 잘 어울리며, 특별한 자리에서 인상 깊은 향을 남기고 싶을 때 사용하기 좋다. 또한, 직장이나 비즈니스 미팅에서도 적합한 선택이다.

4〉 오리엔탈 (Oriental)

오리엔탈 향조는 스파이시하고 따뜻한 느낌을 주며, 바닐라, 앰버, 향신료 등의 독특한 조합으로 이루어진다. 이 향조는 신비롭고 매혹적인 느낌을 주며, 주로 밤에 사용하기 적합하다. 오리엔탈 향수는 특별한 이벤트나 데이트와 같은 순간에 잘 어울리며, 강한 인상을 남기고 싶을 때 선택하는 것이 좋다.

5〉 시트러스 (Citrus)
　시트러스 향조는 레몬, 오렌지, 자몽 등 신선한 감귤류 과일의 향기를 담고 있다. 이 향조는 상쾌하고 기분 좋은 느낌을 주며, 주로 여름철에 많이 사용된다. 시트러스 향수는 운동 후나 일상적인 활동 중에 사용하기 적합하며, 기분 전환이 필요할 때 좋은 선택이다. 또한, 가벼운 외출이나 데일리 향수로도 인기가 많다.

6〉 그린 (Green)
　그린 향조는 풀, 잎, 허브 등의 자연적인 향을 담고 있다. 신선하고 청량한 느낌을 주며, 자연과의 조화를 느낄 수 있다. 그린 향수는 주로 봄철에 잘 어울리며, 자연적인 느낌을 원할 때 적합하다. 이 향조는 가벼운 외출이나 일상적인 상황에서 사용하기 좋다.

7〉 아쿠아틱 (Aquatic)
　아쿠아틱 향조는 바다의 상쾌한 느낌을 담고 있으며, 물과 관련된 향이 특징이다. 바다의 소금기, 신선한 공기, 물의 청량함을 느낄 수 있는 향수다. 아쿠아틱 향수는 여름철에 인기가 많으며, 시원한 느낌을 원하는 사람들에게 적합하다. 이 향조는 일상적인 활동이나 여름휴가에 잘 어울린다.

향수의 유통기한

향수의 유통기한은 많은 사람들에게 궁금한 주제 중 하나이다. 향수는 단순히 향기를 제공하는 제품이 아니라, 그 성분과 조합에 따라 시간이 지남에 따라 변화할 수 있는 복합적인 화합물이다. 향수는 우리의 감정을 자극하고 기억을 불러일으키는 중요한 역할을 하며, 그만큼 적절한 사용과 보관이 필수적이다.

1. 향수의 구성 성분

향수는 에센셜 오일, 알코올, 물 등의 다양한 성분으로 구성되어 있다. 여기서 에센셜 오일은 향기의 주된 성분으로, 식물에서 추출된 자연적인 물질로서, 꽃, 나무, 과일 등에서 얻은 여러 가지 복합적인 향기를 담고 있다. 알코올은 향수를 안정화시키고, 향의 발향을 도와주는 역할을 하며, 향수의 전체적인 느낌을 조화롭게 만들어준다. 그러나 시간이 지남에 따라 이러한 성분들은 산화되거나 변질될 수 있으며, 이로 인해 향수의 품질이 저하될 수 있다.

2. 유통기한의 개념

향수의 유통기한은 제품이 제조된 후, 최상의 품질을 유지할 수 있는 기간을 의미한다. 일반적으로 향수는 개봉 후 3년에서 5년 사이에 사용하길 권장한다. 이는 향수의 성분이 변질되지 않도록 하기 위한 것으로, 시간이 지나면서 향의 발향과 품질이 저하될 수 있기 때문이다. 또한, 각 향수 브랜드마다 사용하는 원료와 제조 공정이 다르기 때문에, 유통기한이 다를 수 있다는 점도 고려해야 한다.

3. 향수의 상태 변화

향수는 사용하지 않고 오랜 시간 보관할 경우, 다음과 같은 변화를 겪을 수 있다.

향의 변질: 시간이 지남에 따라 향이 약해지거나 변할 수 있으며, 특정 향이 두드러지게 변질될 수 있다. 예를 들어, 상큼한 과일 향이 시간이 지나면서 더 무겁고 구수한 향으로 변할 수 있다.

색상의 변화: 일부 향수는 시간이 지나면서 색상이 변할 수 있다. 예를 들어, 맑던 향수가 노란색이나 갈색으로 변하는 경우가 있으며, 이는 화학적 반응의 결과일 수 있다.

질감의 변화: 향수의 점도가 변하거나, 분리되는 현상이 나타날 수 있다. 이는 성분 간의 화학 반응으로 인해 발생할 수 있으며, 이러한 변화는 향수 사용에 부정적인 영향을 미칠 수 있다.

4. 유통기한 확인 방법

향수의 유통기한을 확인하는 방법은 다음과 같다.

제조 일자 확인: 많은 브랜드에서 제품의 바닥이나 패키지에 제조 일자를 기재한다. 이를 통해 제품이 언제 만들어졌는지 확인할 수 있으며, 이를 바탕으로 유통기한을 예측할 수 있다.

향수의 상태 점검: 구매 후 일정 시간이 지나면 향수의 향이나 색상을 점검해 보는 것이 좋다. 뚜껑을 열어 향을 맡아보고, 변질된 느낌이 드는 경우 사용을 중지해야 한다. 특히, 향이 불쾌하게 변하거나 시큼한 냄새가 나는 경우 즉시 사용을 중단해야 한다.

5. 보관 방법에 따른 영향

향수의 유통기한은 보관 방법에 따라 크게 달라질 수 있다.

온도와 습도: 서늘하고 건조한 장소에 보관하며, 직사광선을 피해야 한다. 이상적인 온도는 15도에서 20도 사이로, 너무 높은 온도나 습기가 많은 환경은 향수의 변질을 촉진할 수 있다.

밀폐된 용기 사용: 사용 후 뚜껑을 꼭 닫고, 공기와의 접촉을 최소화해야 한다. 이는 산화를 방지하고, 향수의 향기를 최대한 오래 유지하는 데 도움이 된다.

6. 향수 사용 시 주의 사항

향수가 변질된 경우 피부에 자극을 줄 수 있으며, 알레르기 반응을 일으킬 수도 있다. 따라서 향수가 변질된 것을 감지했을 때는 즉시 사용을 중지하고, 필요할 경우 전문가의 조언을 받는 것이 좋다.

향수를 오래 사용하고 싶다면, 올바른 보관 방법을 준수하고, 주기적으로 제품의 상태를 점검하는 것이 필요하다. 자신의 향수를 소중히 여기고, 적절한 시기에 사용함으로써 향수의 매력을 최대한 누릴 수 있다.

〈향수 변질의 이유와 증상〉

향수의 성분이 변질되는 이유는 여러 가지가 있으며, 주로 환경적 요인과 화학적 요인에 의해 발생한다.

1. 온도 변화

온도는 향수의 안정성에 큰 영향을 미친다. 높은 온도는 향수의 성분이 더 빨리 분해되거나 변질되도록 만들 수 있다. 반면, 너무 낮은 온도에서는 향수의 성분이 응고되거나 침전물이 생길 수 있다. 일반적으로 향수는 서늘하고 일정한 온도에서 보관하는 것이 가장 좋다.

2. 빛 노출

향수는 햇빛이나 강한 인공조명에 노출될 경우 성분이 변질될 수 있다. 특히, 자외선은 향수의 향료 성분을 분해하여 향이 변하거나 퇴색하게 만들 수 있다. 따라서 어두운색의 병에 보관하거나 빛이 닿지 않는 곳에서 보관하는 것이 중요하다.

3. 공기와의 접촉

향수는 공기와 접촉할 때 산화가 일어날 수 있다. 산화는 향수의 성분을 변화시켜 향이 변질되거나 불쾌한 냄새를 유발할 수 있다. 향수를 사용할 때는 병을 빠르게 닫아 공기와의 접촉을 최소화하는 것이 좋다.

4. 습도

높은 습도는 향수의 성분에 영향을 줄 수 있다. 습기가 많은 환경에서 보관된 향수는 곰팡이나 세균의 성장에 노출될 수 있으며, 이는 향수의 품질을 저하시키는 원인이 된다. 따라서 습기가 적은 곳에 보관하는 것이 이상적이다.

5. 성분의 화학적 변화

향수는 다양한 화학 성분으로 이루어져 있으며, 시간이 지남에 따라 이들 성분 간의 화학 반응이 일어날 수 있다. 특히, 천연 향료는 시간이 지나면서 자연적으로 분해되거나 변질될 수 있다. 이러한 화학적 변화는 향수의 향이 변하는 주요 원인 중 하나이다.

6. 보존제의 영향

향수에 사용되는 보존제는 제품의 유통기한을 늘리기 위해 포함되지만, 보존제가 제대로 작용하지 않으면 향수의 성분이 변질될 수 있다. 보존제가 부족하거나 효과가 떨어지면 향수의 품질이 저하될 수 있다.

향수의 성분이 변질되는 이유는 주로 온도, 빛, 공기, 습도, 화학적 변화와 같은 여러 환경적 요인에 기인한다. 향수를 오래도록 즐기기 위해서는 이러한 요인들을 고려하여 적절한 보관 방법을 취하는 것이 중요하다. 향수는 단순한 제품이 아니라 감정과 기억을 담고 있는 소중한 아이템이므로, 그 가치를 유지하기 위해 주의 깊게 관리해야 한다. 향수의 성분이 변질되면 여러 가지 변화가 발생할 수 있으며, 이는 향수의 향, 색상, 질감, 그리고 전체적인 품질에 영향을 미친다. 다음은 향수 변질 시 나타날 수 있는 주요 변화들이다.

1. 향의 변화

가장 눈에 띄는 변화는 향의 변질이다. 변질된 향수는 원래의 향과는 다른 냄새를 발산할 수 있으며, 일반적으로 불쾌한 냄새로 변할 수 있다. 예를 들어, 신선한 과일 향이 금세 시큼하거나 불쾌한 향으로 변할 수 있다. 이는 주로 성분의 산화나 분해로 인해 발생한다.

2. 색상 변화

향수의 색상이 변할 수 있다. 일반적으로 향수는 투명하거나 약간의 색상을 띠고 있지만, 변질되면 색이 진해지거나 탁해질 수 있다. 이러한 색상 변화는 성분의 화학적 변화를 반영하며, 향수의 품질 저하를 나타낼 수 있다.

3. 질감 변화

향수가 변질되면 그 질감에도 변화가 생길 수 있다. 예를 들어, 향수에 침전물이 생기거나, 물질이 응고되는 현상이 일어날 수 있다. 이는 향수의 성분이 분리되거나 변형되었음을 나타낸다.

4. 지속력 감소

변질된 향수는 원래의 향보다 지속력이 떨어질 수 있다. 향수가 피부에 뿌려졌을 때, 원래의 향이 오래 지속되지 않고 빠르게 사라지는 경우가 많다. 이는 향의 성분이 변하여 발향력이 감소했기 때문이다.

5. 피부 자극

변질된 향수는 피부에 자극을 줄 수 있다. 특히, 향수의 성분이 변질되어 알레르기 반응이나 피부 염증을 유발할 가능성이 있다. 따라서 변질된 향수를 사용할 경우 주의가 필요하다.

6. 보존제의 효과 상실

보존제가 제대로 작용하지 않으면, 변질된 향수는 세균이나 곰팡이의 성장을 억제하지 못해 제품의 안전성을 저하시킬 수 있다. 이는 향수의 품질뿐만 아니라 사용자의 건강에도 영향을 미칠 수 있다.

향수의 성분이 변질되면 향, 색상, 질감, 지속력, 피부 자극 등 여러 가지 변화가 발생할 수 있다. 이러한 변화는 향수의 품질 저하를 의미하며, 변질된 향수는 사용하지 않는 것이 좋다. 향수를 오래도록 즐기기 위해서는 적절한 보관 방법을 취하고, 변질된 경우에는 사용을 피하는 것이 중요하다. 변질된 향수를 사용할 경우 피부에 여러 가지 부정적인 영향을 미칠 수 있다. 다음은 변질된 향수를 사용했을 때 나타날 수 있는 주요 피부 영향이다.

1. 알레르기 반응

변질된 향수는 원래 성분이 변형되면서 새로운 화합물이 형성될 수 있다. 이로 인해 피부가 알레르기 반응을 일으킬 수 있으며, 발진, 가려움증, 붉어짐 등의 증상이 나타날 수 있다.

2. 피부 자극

변질된 향수는 자극 성분이 증가할 수 있다. 이는 피부에 자극을 주어 따끔거리거나, 화끈거리는 느낌을 유발할 수 있다. 특히 민감한 피부를 가진 사람에게는 더욱 심각한 증상이 나타날 수 있다.

3. 염증 유발

향수의 성분이 변질되면 염증을 유발할 수 있는 물질이 생성될 수 있다. 이로 인해 피부가 붉어지거나 부풀어 오르는 등의 염증 증상이 나타날 수 있다.

4. 피부 건조

변질된 향수는 피부의 수분 밸런스를 방해할 수 있으며, 이로 인해 피부가 건조해지고 거칠어질 수 있다. 향수에 포함된 알코올이나 다른 성분이 피부의 자연적인 유분을 제거할 수 있기 때문이다.

5. 감염 위험 증가

변질된 향수는 보존제가 제대로 작용하지 않으면 세균이나 곰팡이의 성장이 촉진될 수 있다. 이러한 미생물이 피부에 접촉하게 되면 감염의 위험이 증가할 수 있다.

6. 색소 침착

변질된 향수에 포함된 화학 성분이 피부에 색소 침착을 유발할 수 있다. 이는 피부에 얼룩이나 변색을 초래할 수 있다.

변질된 향수를 사용할 경우 피부에 다양한 부정적인 영향을 미칠 수 있으므로, 안전을 고려하여 변질된 향수는 사용하지 않는 것이 좋다. 향수의 품질을 유지하고, 변질 여부를 확인하기 위해서는 적절한 보관 방법을 따르는 것이 중요하다. 피부 건강을 위해 항상 신선한 향수를 사용하는 것이 좋다.

향수의 안정성과 보관 방법

향수의 안정성과 보관 방법은 향수의 품질과 향의 지속성에 매우 중요한 영향을 미친다. 향수를 올바르게 보관하면 향의 변질을 방지하고, 오랫동안 사용할 수 있는 기회를 제공한다. 향수는 단순한 향기가 아니라 개인의 스타일과 정체성을 표현하는 중요한 아이템이므로, 이를 소중히 다루고 올바른 보관 방법을 아는 것이 필수적이다. 다음은 향수의 안정성을 높이고 올바른 보관 방법에 대한 몇 가지 구체적인 팁이다.

1. 온도와 습도 조절

온도: 향수는 직사광선과 고온에 노출될 경우 화학 성분이 변질될 수 있으므로, 적절한 온도에서 보관하는 것이 중요하다. 이상적인 보

관 온도는 15도에서 20도 사이로, 이 범위를 유지하면 향수의 성분이 안정적으로 유지된다. 너무 높은 온도는 향수를 변질시키고, 너무 낮은 온도는 향의 발향에 영향을 줄 수 있으므로 주의해야 한다.

습도: 습도가 높은 환경은 향수의 안정성에 부정적인 영향을 미칠 수 있다. 습기가 많은 곳에서는 향수의 성분이 변형될 수 있으며, 이는 향의 질을 저하시킬 수 있다. 따라서 건조하고 서늘한 장소에 보관해야 하며, 특히 욕실과 같은 습기가 많은 곳은 피하는 것이 좋다.

2. 직사광선 피하기

향수는 빛에 노출되면 화학 반응이 일어나 향이 변할 수 있다. 따라서 향수를 보관할 때는 직사광선을 피하고 어두운 곳에 두는 것이 좋다. 많은 브랜드가 향수를 어두운 유리병에 담아 빛의 영향을 최소화하는 이유도 여기 있다. 밝은색의 유리병은 햇빛을 차단하지 못하므로, 반드시 어두운색의 유리병을 선택하는 것이 바람직하다.

3. 밀폐된 용기 사용

향수를 사용할 때는 항상 병의 뚜껑을 잘 닫아 두어야 한다. 공기와의 접촉이 많아지면 향의 성분이 산화되거나 휘발될 수 있으며, 이는 향수의 품질을 저하시키는 원인이 된다. 따라서 사용 후에는 뚜껑을 꼭 닫고, 가능한 한 공기가 들어가지 않도록 밀폐된 용기에 보관하는 것이 좋다. 또한, 향수의 원래 용기를 그대로 사용하는 것이 가장 안전하며, 다른 용기로 옮길 경우에는 반드시 향수에 적합한 용기를 선택해야 한다.

4. 보관 위치

향수를 보관할 때는 욕실과 같은 습기가 많은 곳을 피하는 것이 좋다. 대신, 서늘하고 건조한 곳, 예를 들어 침실의 서랍이나 옷장 안이 적합하다. 또한, 향수를 다른 화장품이나 세제와 함께 보관하지 않는 것이 좋다. 이들 제품은 향수의 성분에 영향을 줄 수 있으며, 특히 세제의 화학 성분은 향수의 변질을 초래할 수 있다.

5. 유통기한 확인

향수는 일반적으로 유통기한이 정해져 있지 않지만, 사용하지 않고 오랜 시간 보관할 경우 향의 품질이 저하될 수 있다. 보통 향수는 개봉 후 3~5년 동안 사용 가능하지만, 특정 성분이나 향에 따라 다를 수 있다. 따라서 향수를 구입할 때 제조 일자나 유통기한을 확인하고, 오래된 향수는 가급적 사용하지 않는 것이 좋다. 특히, 향수의 향이 약해지거나 색상이 변하는 경우에는 즉시 사용을 중단해야 한다.

6. 변화 감지

향수를 사용할 때 향이 변하거나 색깔이 달라지는 등의 변화가 느껴지면, 즉시 사용을 중지해야 한다. 이러한 변화는 향수의 성분이 변질되었음을 의미하며, 사용 시 피부에 자극을 줄 수 있다. 물론, 향수의 변화는 시간의 흐름에 따라 자연스럽게 발생할 수 있지만, 명백한 변화를 감지하면 즉시 전문가의 조언을 받는 것이 바람직하다.

7. 미니어처 보관

여행이나 외출 시 향수를 가지고 다닐 때는 미니어처 용기에 담아가는 것이 좋다. 대용량의 향수를 자주 열고 닫으면 공기와의 접촉이 증가해 변질될 수 있으므로, 필요한 양만큼 소량으로 담아 사용하는 것이 안정성을 높이는 방법이다.

8. 향수의 종류에 따른 보관

일부 향수는 특정 성분에 따라 보관 방법이 다를 수 있다. 예를 들어, 오리엔탈 계열의 향수는 일반적으로 우디한 베이스 노트를 포함하고 있어 다른 향수보다 안정성이 높지만, 플로럴 계열의 향수는 상대적으로 변질되기 쉬운 경향이 있다. 각 향수의 특성을 이해하고 이에 따라 보관하는 것이 중요하다. 올바른 보관 방법을 통해 향수의 품질과 향을 오래도록 유지할 수 있다. 향수는 단순한 제품이 아니라, 개인의 스타일을 표현하는 중요한 아이템이므로, 소중히 다루고 잘 보관하는 것이 중요하다.

향수 사용법

 향수에는 각각의 알맞은 사용법이 있다. 스프레이 타입의 경우 뿌리는 양은 향의 진하기, 사용자의 취향과 기분, 향수를 뿌릴 때 의도한 목적에 자연스럽게 정해진다. 향수는 피부나 옷 중 어디에 뿌리는 것이 좋을까?

 향수는 몸이나 옷에 뿌리면 그대로 남아있지 않고 피부에서 발산되는 체온이나 체취에 섞여서 향기가 난다. 그 향은 사람마다 다르게 나타난다. 향수는 손목 또는 맥박이 뛰는 목 부분에 직접 뿌린다. 피부에 직접 뿌렸을 때는 태양광선이나 외기에 닿지 않도록 하는 것이 이상적이다. 향수를 뿌린 부분을 손이나 손목으로 비비는 것은 좋지 않고 씻고 향수를 뿌리는 것이 효과적이다.

모두 피부 유형이 다르고, 어떤 사람에게는 더 잘 고정되고 오래 지속된다. 향수를 바르는 방법이 향수가 얼마나 지속되는지에 큰 영향을 미친다. 일반적으로 우리 몸의 굵은 혈관이 지나가고 체온이 높은 부분인 '펄스 포인트'에 향수를 뿌려야 향이 오래 지속된다.

〈펄스 포인트〉

어깨~목, 팔꿈치 안쪽, 허리 양 사이드, 손목 안쪽, 허벅지 안쪽, 무릎 안쪽, 아킬레스건 안쪽

〈향 지속시키는 tip〉

1) 샤워를 하고 피부를 말린다.

피부는 따뜻할 때 향수를 더 잘 흡수한다. 뜨거운 샤워나 목욕을 하면 효과가 있다. 향수를 바르기 전에 피부(펄스 포인트)를 말린다. 그렇지 않으면 향수가 달라붙지 않는다.

2) 무향 바디로션을 먼저 바른다.

향수가 건조한 피부에 닿으면 빨리 증발한다. 향수를 바르기 전에 피부가 부드럽고 수분이 공급되었는지 확인하여 향수가 피부에 고정되도록 한다. 가장 좋은 방법은 무향 바디로션이나 보습제를 먼저 바르는 것이다.

3) 향수를 먼저 뿌리고 옷을 입는다.

옷을 입기 전에 향수를 뿌린다. 향수를 뿌리고 싶은 맥박 지점에 닿을 수 있고 옷에 얼룩이 생기는 것을 방지할 수 있다.

4) 맥박 지점(펄스 포인트)에 향수를 뿌린다.

향수를 바르기에 가장 좋은 지점은 맥박 지점이다. 향수를 바르는 위치에 따라 본인과 다른 사람이 향수를 어떻게 느끼는지에 영향을 미친다. 향수를 직접 맡는 것이 목표라면 목, 턱, 쇄골처럼 코에 가장 가

까운 맥박 지점에 바르고 손목과 팔꿈치 안쪽에 바르면 언제든지 원할 때마다 향수를 맡을 수 있다.

5) 문지르지 않기.

손목에 향수를 뿌린 다음 문지르지 않는다. 향수를 망가뜨리고 향수가 오래 지속되지 않도록 하기 때문이다. 원하는 맥박 지점에 뿌리고 옷을 입기 전에 마르기를 기다린다.

6) 브러시를 사용하여 머리카락을 빗는다.

머리카락은 다공성이 있어서 피부보다 향수를 오래 유지할 수 있다. 향수에는 머리카락을 건조시키고 손상시킬 수 있는 알코올이 들어가 있으므로 조심하는 것이 좋다. 향수 오일과 수성 향수가 이상적이지만 일반 향수를 사용하고 싶다면 가장 좋은 방법은 브러시에 향수를 뿌린 다음 머리카락에 부드럽게 빗질해 주는 것이다.

Part. 4
트렌드와 함께하는 향기

KAIROS PERFUME STORY

향수와 계절

계절에 따라 어울리는 향수가 각기 다른 매력을 발산하며, 이는 사람들의 기분과 스타일에 큰 영향을 미친다.

봄에는 신선하고 꽃향기가 가득한 향수가 적합하다. 예를 들어, 벚꽃이나 라일락과 같은 플로럴 노트가 포함된 향수는 따뜻한 날씨와 잘 어울리며, 생동감과 활기를 준다. 이러한 향수는 새로운 시작과 희망을 상징하며, 봄의 따스한 햇살 아래에서의 즐거운 기억을 떠올리게 한다.

　　여름에는 시트러스 계열의 상큼한 향수가 인기를 끌게 된다. 레몬, 오렌지, 자몽의 상큼한 노트는 더운 날씨에 기분을 상쾌하게 해주며, 바다의 시원한 느낌을 연상시킨다. 이러한 향수는 여름 바캉스나 야외 활동에 적합하여, 친구들과의 즐거운 시간을 더욱 특별하게 만들어 준다. 더불어, 이러한 향수는 여름의 자유로움과 활력을 상징하며, 사람들에게 긍정적인 에너지를 불어넣는다.

　　가을에는 우디하거나 스파이시한 향수가 어울린다. 나무의 따뜻한 느낌이나 계피, 정향과 같은 향은 가을의 서늘한 날씨와 잘 어우러져 아늑한 분위기를 만들어낸다. 이 시기에 향수를 선택할 때는 깊이 있는 향을 고려하는 것이 좋으며, 이는 가을의 풍성한 수확과 함께 어우러지는 따뜻한 감정을 불러일으킨다. 우디 향수는 자연과의 연결을 느끼게 해주며, 가을의 단풍이 물든 길을 걸으며 느끼는 감성을 더욱 풍부하게 만들어준다.

겨울에는 따뜻하고 부드러운 오리엔탈 계열의 향수가 인기를 끌게 된다. 바닐라, 머스크, 앰버와 같은 향은 차가운 날씨에 포근한 느낌을 주며, 실내에서의 따뜻한 시간을 더욱 특별하게 만들어준다. 이러한 향수는 겨울철의 따뜻한 모임이나 가족과의 시간을 더욱 기억에 남게 할 수 있으며, 특히 크리스마스나 연말연시의 기분을 한층 더 고조시켜 준다. 겨울의 차가운 공기 속에서 느끼는 따뜻함은 향수를 통해 더욱 깊이 있게 경험할 수 있다.

결국, 향수는 계절의 변화에 맞춰 우리의 기분과 스타일을 표현하는 중요한 요소이다. 각 계절에 맞는 향수를 선택함으로써, 우리는 자연의 변화를 느끼고, 그에 맞는 감성을 더욱 풍부하게 경험할 수 있다. 따라서 향수를 고를 때 계절의 특성을 고려하는 것은 매우 중요하며, 이는 우리의 일상에 작은 행복을 더해준다. 향수는 단순한 향기를 넘어, 우리의 정체성과 감정을 드러내는 매개체로서의 역할을 하며, 그 선택에 따라 우리의 하루하루가 어떻게 변화할 수 있는지를 보여준다.

향수와 성별

향수는 성별에 따라 다양한 특성과 매력을 지니고 있다. 여성용, 남성용, 유니섹스 향수 각각의 특징에 대해 자세히 살펴보면 다음과 같다.

〈여성용 향수〉

여성용 향수는 대체로 부드럽고 우아한 향이 특징이 있다. 꽃, 과일, 향신료, 우디 노트 등이 조화를 이루어 여성의 감성을 잘 표현한다. 일반적으로 다음과 같은 카테고리로 나눌 수 있다.

- 플로럴(Floral): 장미, 자스민, 백합 등의 꽃향기가 주를 이루며, 여성스러움과 우아함을 강조한다.

- 프루티(Fruity): 과일 향이 풍부하여 상큼하고 경쾌한 느낌을 준다. 자몽, 복숭아, 베리류의 향이 많이 사용된다.

- 오리엔탈(Oriental): 따뜻하고 신비로운 향으로, 바닐라, 앰버, 향신료가 조화를 이루어 매혹적인 느낌을 준다.

- 우디(Woody): 샌달우드, 시더우드 등의 나무 향이 포함되어 안정감과 성숙함을 부각시킨다.

여성용 향수는 일반적으로 부드러운 느낌과 감정적인 요소를 강하게 표현하여, 여성의 매력을 한층 더 돋보이게 한다.

〈남성용 향수〉

남성용 향수는 대체로 강렬하고 세련된 느낌을 주며, 시원하고 상쾌한 향이 특징이다. 주로 다음과 같은 카테고리로 나눌 수 있다.

-시트러스(Citrus): 레몬, 베르가못, 오렌지 등 상큼한 과일 향이 주를 이루어 청량감과 활력을 느끼게 한다.

- 우디(Woody): 샌달우드, 파촐리, 시더우드 등 나무 향이 주를 이

루어 남성적인 매력을 강조한다. 깊이 있는 향이 특징이다.

- 오리엔탈(Oriental): 따뜻하고 신비로운 향으로, 머스크, 앰버, 향신료가 조화를 이루어 성숙함과 매혹적인 느낌을 준다.

- 아쿠아(Aquatic): 바다의 시원한 향을 표현하며, 청량하고 신선한 느낌을 준다. 물의 향기와 해변의 느낌을 강조한다.

남성용 향수는 일반적으로 강한 인상과 자신감을 주며, 현대적인 감각을 반영한다.

〈유니섹스 향수〉

　유니섹스 향수는 남성과 여성 모두 사용할 수 있도록 디자인된 향수로, 중립적이고 개방적인 느낌을 지니고 있다. 이러한 향수는 성별의 경계를 허물고, 개인의 취향에 따라 선택할 수 있도록 해준다.

　-중립적인 향: 남성과 여성의 전통적인 향수 특징을 모두 포함하고 있어, 다양한 향의 조합이 가능하다. 예를 들어, 시트러스와 우디 노트가 조화를 이루어 상쾌하면서도 깊이 있는 느낌을 준다.

　- 자연적인 요소: 허브, 향신료, 나무, 꽃 등의 자연적인 요소를 강조하여, 개인의 감정을 표현하는 데 중점을 둔다.

　- 개성 표현: 유니섹스 향수는 성별에 구애받지 않고 개인의 개성을 표현할 수 있는 자유로운 선택을 제공한다.

　유니섹스 향수는 현대 사회에서 성별의 경계가 점차 허물어지는 가운데, 다양한 사람들의 취향을 반영하며, 누구나 편안하게 사용할 수 있는 향수로 자리 잡고 있다.

　이렇게 여성용, 남성용, 유니섹스 향수는 각각의 매력과 특성을 지니고 있으며, 개인의 취향과 스타일에 따라 선택할 수 있는 폭이 넓다. 향수는 단순한 향기를 넘어서, 개인의 정체성과 감정을 표현하는 중요한 요소로 작용한다.

향수의 트렌드
향기의 진화와 새로운 방향

향수는 단순한 소비재를 넘어, 개인의 정체성과 감정을 표현하는 중요한 요소로 자리 잡았다. 최근 몇 년간 향수 시장은 급격한 변화를 겪으며 새로운 트렌드가 등장하고 있다. 이러한 트렌드는 소비자들의 가치관 변화, 환경 문제에 대한 인식, 그리고 개인화된 경험 추구와 밀접하게 연결되어 있다. 현재 향수의 트렌드와 그 배경에 대해 살펴보고자 한다.

1. 지속 가능성과 친환경

환경 문제에 대한 인식이 높아짐에 따라, 지속 가능한 향수의 수요가 증가하고 있다. 많은 브랜드가 친환경적인 원료를 사용하고, 동물 실험을 피하며, 재활용 가능한 포장을 채택하고 있다. 이러한 변화는 소비자들이 더 이상 단순히 향수의 향기만을 고르는 것이 아니라, 그 제품이 지닌 가치와 윤리를 고려하게 만들었다. 예를 들어, 자연 유래 성분을 사용한 향수나, 비건 인증을 받은 제품들이 인기를 끌고 있다.

2. 개인화된 향수 경험

향수의 개인화는 또 다른 중요한 트렌드다. 소비자들은 자신만의 독특한 향기를 찾고자 하며, 맞춤형 향수 제작 서비스가 인기를 얻고 있다. 이러한 서비스는 고객이 원하는 향의 조합을 선택할 수 있도록 하여, 개인의 개성과 취향을 반영한 향수를 제공하게 된다. 이와 같은 맞춤형 경험은 소비자들에게 특별한 가치를 제공하며, 향수에 대한 애착을 더욱 깊게 만들어준다.

3. 젠더리스 향수

성별의 경계를 허물고, 남성과 여성 모두 사용할 수 있는 젠더리스 향수의 인기가 높아지고 있다. 이러한 향수는 전통적인 성별의 기준을 넘어, 중립적이고 포괄적인 향기를 제공한다. 소비자들은 자신이 원하는 향기를 성별에 상관없이 선택할 수 있게 되었으며, 이는 향수 시장의 다양성과 포용성을 더욱 확장시키고 있다.

4. 복고풍과 레트로 트렌드

최근에는 과거의 향수 스타일이 다시 주목받고 있다. 80년대와 90년대의 향수가 재출시되거나, 그 시기의 향기를 현대적으로 재해석한 제품들이 인기를 끌고 있다. 이러한 복고풍 트렌드는 향수를 통해 과거의 추억을 회상하려는 소비자들의 심리를 반영하고 있으며, 향수 브랜드들은 이러한 흐름을 적극 반영하여 다양한 제품을 선보이고 있다.

5. 멀티 센서리 경험

향수는 이제 그 자체로 끝나지 않고, 다양한 감각과 결합된 멀티 센서리 경험으로 발전하고 있다. 예를 들어, 향수와 함께 음악, 조명, 비주얼 아트(컬러)가 결합된 경험형 이벤트가 증가하고 있다. 이러한 방식은 소비자들에게 향수를 단순한 제품이 아닌, 감정과 경험의 일부로 느끼게 해준다. 향수는 더 이상 혼자 즐기는 것이 아니라, 다양한 요소와 함께 조화를 이루며 새로운 경험을 창출하게 된다.

예를 들어, 컬러 향수는 향수 선택의 새로운 패러다임을 제시하며, 색상과 향기가 함께 어우러져 보다 풍부한 경험을 제공한다. 이러한 제품은 소비자에게 시각적 만족과 더불어 감정적으로도 깊은 연결을 만들어준다.

컬러와 향기는 각각 고유한 심리적 효과를 지니고 있으며, 사람의 감정과 행동에 큰 영향을 미칠 수 있다. 고유의 특성을 적절히 접목한 컬러 향수는 심리적 안정과 긍정적인 감정을 유도할 수 있다.

다음은 컬러와 향기가 주는 심리적 효과이다.

〈컬러〉
빨간색: 열정, 에너지, 사랑을 상징한다. 흥분과 긴장감을 줄 수 있으며, 주목을 끌고 활동적인 상태로 유도한다.

파란색: 안정감과 차분함을 제공한다. 신뢰와 평온함을 상징하며, 스트레스를 줄이고 집중력을 높이는 효과가 있다.

노란색: 밝음과 행복을 상징한다. 긍정적인 감정을 유도하고, 창의력과 에너지를 증진시키는 데 도움이 된다.

초록색: 자연과 조화를 상징한다. 안정감과 회복을 주며, 스트레스를 완화하고 마음을 진정시키는 효과가 있다.

보라색: 고귀함과 신비함을 상징한다. 창의력과 영감을 자극하며, 영적인 측면에서도 긍정적인 영향을 준다.

주황색: 따뜻함과 친근함을 상징한다. 에너지를 주고, 활기찬 느낌을 제공하여 사회적 상호작용을 촉진하는 데 도움이 된다.

〈향기〉

라벤더: 진정 효과가 있어 스트레스와 불안을 줄이는 데 도움을 준다. 수면 개선에도 효과적이다.

레몬: 상큼하고 청량한 향기로, 기분을 좋게 하고 에너지를 증진시키는 효과가 있다. 집중력을 높이는 데 유용하다.

바닐라: 따뜻하고 달콤한 향기로, 안정감과 편안함을 제공한다. 감정적 안정에 도움을 줄 수 있다.

유칼립투스: 상쾌한 향기로, 호흡을 원활하게 하고 정신을 맑게 해주는 효과가 있다. 피로 회복에 도움이 된다.

로즈: 사랑과 아름다움을 상징하는 향기로, 긍정적인 감정을 유도하고 스트레스를 완화하는 효과가 있다.

향수 시장의 트렌드는 끊임없이 진화하고 있으며, 소비자들의 가치관과 욕구를 반영하고 있다. 지속 가능성, 개인화, 젠더리스, 복고풍, 멀티 센서리 경험 등 다양한 요소들이 결합되어 향수의 새로운 미래를 만들어가고 있다. 이러한 변화는 향수 브랜드들에게도 도전이자 기회가 되며, 소비자들에게는 더욱 풍부하고 의미 있는 향수 경험을 제공하는 계기가 될 것이다. 향수는 이제 단순한 향기를 넘어, 개인의 정체성과 감정, 그리고 사회적 가치를 반영하는 중요한 요소로 자리 잡고 있다.

Part. 5
카이로스 향기이펙트

KAIROS PERFUME STORY

카이로스 향기인문학,
향기와 과거로의 시간여행

우리의 삶에서 향기는 중요한 역할을 한다. 향기는 우리의 기억과 감정을 깊이 있게 연결시키는 매개체 역할을 하기 때문이다. 특히 어린 시절의 향기는 우리에게 큰 영향을 미치곤 한다.

어린 시절, 우리는 순수하고 호기심 어린 눈으로 세상을 바라본다. 그때 맡았던 향기들은 우리의 기억 속에 깊이 각인되어 있다. 엄마의 품속에서 느꼈던 따뜻한 향기, 할머니 댁에서 맡았던 구수한 향기, 첫 등교 날 교실에 퍼졌던 새 책 냄새 등은 언제 어디서든 우리를 과거로 돌려보낸다.

이렇듯 향기는 시간을 거슬러 올라가 우리를 과거의 순간으로 이끈다. 그리고 그 순간의 감정과 기억을 되살려낸다. 향긋한 꽃향기를 맡으면 봄날의 정취가 떠오르고, 겨울바람에 실린 나무 향기를 맡으면 아련한 추억이 떠오르는 것이 그 예이다.

이처럼 향기는 시간과 공간을 초월하여 우리의 기억을 자극하고 감정을 불러일으킨다. 향기를 통해 우리는 과거로 시간여행을 떠날 수 있다. 그리고 그 여행을 통해 우리는 잊고 있던 소중한 기억 들을 되살릴 수 있다.

향기가 지닌 이러한 특별한 힘은 우리 삶에 있어 매우 중요하다. 향기를 통해 우리는 과거의 소중한 순간들을 추억할 수 있고, 그 기억 속에서 위안과 행복을 얻을 수 있다. 향기는 우리를 과거로 이끌어 가 우리의 마음을 치유하고 위로해 줄 수 있는 것이다.

향기가 과거의 감정을 강하게 불러일으키는 이유는 다양하다. 먼저, 후각과 기억의 밀접한 연관성은 이러한 효과를 설명하는 데 중요하다. 후각 정보는 뇌의 변연계 중 해마와 편도체에 직접 연결된다. 이는 기억과 감정 처리에 중요한 영향을 미친다. 그 결과, 향기는 기억과 감정을 직접적으로 자극할 수 있는데, 이는 우리가 특정 향기를 맡았을 때 과거의 경험과 감정이 즉시 떠오를 수 있는 이유이다.

향기 정보는 기억과 감정 영역에 직접 연결되어 강렬한 회상을 불러일으키는데, 이는 특히나 특정한 향기가 특정한 순간이나 장소와 연결되어 있는 경우 더욱 강력한 효과를 발휘한다. 특정 향기는 그와 연관된 감정을 불러일으키며, 이는 우리의 개인적인 과거 경험과 연결되어 있다. 이러한 특성은 향기가 우리의 감정을 불러일으키고 우리의 기억과 연결시키는 과정을 설명한다.

마지막으로, 향기의 무의식적 기억 작용은 향기가 무의식적으로 기억을 활성화시키고, 의식적으로는 기억하지 못했던 감정들이 향기에 의해 자연스럽게 떠오르게 됨을 설명한다. 이러한 작용은 우리가 인식적으로 기억하지 못했던 감정들이 특정한 향기를 맡았을 때 자연스럽게 떠오르게 만들어준다는 점에서 향기의 영향력을 보다 명확히 한다.

향기는 마치 시간여행을 할 수 있게 해주는 마법의 문과 같다. 특정한 향기를 맡게 되면, 그 향기는 우리의 뇌 속 깊은 곳에 숨겨져 있던 기억을 깨워내어 과거로 우리를 이끌고 우리는 마치 시간을 거슬러 올라가 과거의 순간들을 생생하게 경험하는 것 같은 느낌을 받게 된다.

향기가 불러일으키는 이 시간여행의 경험은 매우 강렬하고 감동적이다. 우리는 순간적으로 과거의 장면들이 눈앞에 펼쳐지는 듯한 착각에 휩싸이게 되고, 그때의 감정과 기분까지도 똑같이 느끼게 된다. 이런 상황에서 마치 시간이 멈춘 듯, 과거와 현재가 겹쳐 지면서 우리는 과거의 자신과 대화하는 것처럼 느껴진다.

우리는 향기를 통해 과거의 자신을 만나고, 그때의 감정을 되새기며, 소중한 추억을 떠올릴 수 있다. 이는 마치 문을 열고 과거로 들어가는 듯한 신비로운 경험이며, 향기의 마법을 통해 우리는 시간의 제약을 초월하여 과거와 현재를 오갈 수 있게 되는 것이다. 이러한 경험은 우리에게 새로운 관점을 제시하고, 과거의 우리와 현재의 우리를 연결 짓는 소중한 고리가 될 것이다.

바쁘고 힘든 생활 속에서 향기는 우리에게 시간과 공간을 넘나드는 심리적인 여행을 선사하여 삶에 깊은 감동을 안겨줌으로써 치유를 일으킨다. 기억 속의 향기나 추억의 공간을 향기로 되살리는 시간을 만드는 것이 바로 '카이로스 향기인문학'이다.

프루스트 현상
(Proustian phenomenon)

프루스트 현상(Proustian phenomenon)은 프랑스 소설가 마르셀 프루스트(Marcel Proust)의 작품 『잃어버린 시간을 찾아서』에서 유래된 개념으로, 특정한 감각적 자극이 과거의 기억과 감정을 강렬하게 불러일으키는 현상을 의미한다. 이 현상은 특히 후각과 미각과 깊은 연관이 있으며, 특정한 냄새나 맛이 개인의 특정 기억을 생생하게 떠올리게 하는 데 중요한 역할을 한다. 이 현상은 우리가 일상에서 경험하는 다양한 감각이 어떻게 우리의 기억과 연결되는지를 탐구하는 데 중요한 통찰을 제공한다. 프루스트 현상은 단순한 기억의 회상에 그치지 않고, 감정과 정체성의 복잡한 구조를 드러내는 중요한 역할을 한다.

프루스트 현상은 특정한 맛, 냄새, 소리와 같은 감각적 요소가 개인의 과거 경험을 떠올리게 하는 과정을 설명한다. 예를 들어, 어린 시절에 어머니가 구워준 마들렌의 맛이 입 안에 감도는 순간, 우리는 그 당시의 행복한 기억이나 아련한 순간들을 생생하게 떠올리게 된다. 이러한 감각적 자극은 단순한 기억을 넘어, 그때의 감정, 주변 환경, 심지어 특정한 사람들과의 관계까지 복합적으로 떠오르게 하여, 우리의 과거와 현재를 연결하는 다리 역할을 한다. 이렇듯 각 감각이 불러일으키는 기억은 개인의 삶의 역사와 깊이 연관되어 있다.

프루스트는 자신의 작품에서 마들렌 쿠키를 먹는 장면을 통해 이 현상을 매우 효과적으로 묘사했다. 작중 주인공이 마들렌을 한 입 베어 물자, 그 맛과 향이 어린 시절의 기억을 불러일으키며, 잊고 있던 과거의 경험들이 생생하게 소환된다. 이처럼 특정한 감각적 경험이 개인의 기억과 감정을 자극하는 것이 프루스트 현상의 핵심이다. 마들렌 쿠키의 단순한 맛이지만, 그것이 불러일으키는 감정의 깊이는 매우 방대하다. 이러한 경험은 우리의 삶에서 감각이 얼마나 중요한지를 상기시켜 준다.

프루스트 현상은 단순한 기억의 회상이 아니라, 우리의 감정과 정체성을 형성하는 중요한 과정이다. 특정한 감각적 자극이 과거의 기억을 불러일으킬 때, 우리는 다시 한번 그 순간을 경험하게 되며, 이는 우리가 누구인지에 대한 깊은 이해를 돕는다. 이러한 현상을 이해함으로써, 우리는 기억의 힘과 감각의 중요성을 더욱 깊이 인식할 수 있다.

프루스트 현상은 개인의 감각적 경험이 과거의 기억과 감정을 어떻게 불러일으키는지를 보여주는 중요한 개념이다. 이는 우리가 어떻게 과거를 회상하고, 그 기억이 현재의 감정에 영향을 미치는지를 이해하는 데 도움을 준다. 또한, 프루스트 현상은 감정적 치유와 창의성의 원천으로 작용할 수 있어, 우리의 삶에서 매우 중요한 역할을 한다.

기억과 감각의 관계

프루스트 현상은 기억의 복잡성과 감각의 역할을 강조한다. 인간의 뇌는 다양한 감각 정보를 처리하며, 이러한 정보가 특정한 기억과 연결될 때, 감각적 자극은 그 기억을 활성화하는 기능을 한다. 예를 들어, 특정한 음악을 들으면 그 음악이 흐르던 시절의 감정이나 경험이 떠오르는 경우가 많다. 이는 과거의 특정 순간이 다시 살아나는 듯한 경험을 제공하며, 우리에게 감정적이고도 심리적인 영향을 미친다. 이러한 현상은 감정적 경험과 밀접하게 연결되어 있으며, 감정이 기억에 미치는 영향은 매우 크다. 감각이 자극될 때, 우리는 그 순간의 기쁨, 슬픔, 향수 등을 다시 경험하게 된다.

프루스트 현상의 심리적 기초

1. 후각과 기억의 연결

후각은 뇌의 변연계와 밀접하게 연결되어 있다. 변연계는 감정과 기억을 처리하는 데 중요한 역할을 하며, 이는 후각이 기억을 불러일으키는 데 매우 효과적임을 의미한다. 특정한 향기는 종종 과거의 특정 순간이나 사람과 연결되어 있어, 그 향기를 맡는 순간 관련된 기억이 떠오를 수 있다. 예를 들어, 어린 시절의 집에서 맡았던 음식의 냄새나 꽃의 향기는 그 시절의 행복한 기억을 즉각적으로 떠올리게 할 수 있다.

2. 감각적 자극과 감정

감각적 자극은 우리가 경험한 감정과 깊은 연관이 있다. 특정한 맛이나 향은 그 순간의 감정을 다시 불러일으키는 능력이 있으며, 이는 개인의 정서적 상태에 큰 영향을 미칠 수 있다. 따라서 프루스트 현상은 단순히 기억을 떠올리는 것에 그치지 않고, 감정적인 경험을 다시 느끼게 하는 데도 기여한다. 예를 들어, 어릴 적 가족과 함께 나눴던 식사의 맛은 지금의 자신에게도 따뜻한 정서를 불러일으킬 수 있다.

프루스트 현상의 의미와 중요성

1. 과거 회상

프루스트 현상은 우리가 잊고 있던 과거의 소중한 순간들을 다시 떠올리게 해준다. 이는 개인의 정체성을 형성하는 데 중요한 역할을 하며, 과거의 경험을 통해 현재의 자신을 이해하는 데 도움을 준다. 과거의 기억을 회상함으로써 우리는 자신을 재발견하고, 삶의 의미를 더욱 깊이 이해할 수 있게 된다.

2. 감정적 치유

특정한 기억을 떠올리는 것은 감정적 치유의 과정이 될 수 있다. 긍정적인 기억을 회상함으로써 현재의 스트레스나 불안을 해소하고, 감정적인 안정을 찾을 수 있다. 이러한 과정은 심리적 안정감을 제공하며, 우리가 일상에서 겪는 어려움들을 극복하는 데 도움을 줄 수 있다. 예를 들어, 힘든 하루를 보낸 후 사랑하는 사람과의 행복한 추억을 떠올리는 것은 큰 위안이 될 수 있다.

3. 창의성의 자극

프루스트 현상은 창의적인 작업에도 영향을 미칠 수 있다. 과거의 기억이 불러일으켜지는 과정은 새로운 아이디어나 영감을 주는 계기가 될 수 있으며, 예술가나 작가에게는 창작의 원천이 될 수 있다. 이러한 창의적인 영감은 종종 우리의 삶에서 새로운 방향성을 제시하기도 한다.

3. 프루스트 현상의 심리적 영향

프루스트 현상은 개인의 정체성과도 깊은 연관이 있다. 우리의 기억은 우리가 누구인지, 어떤 경험을 했는지를 형성하는 중요한 요소이다. 특정한 감각적 자극이 특정 기억을 불러일으킬 때, 우리는 그 순간의 감정과 경험을 다시 느끼게 되며, 이는 자신을 돌아보는 계기가 될 수 있다. 기억의 회상은 과거의 아픔이나 기쁨을 다시 마주하게 하여, 심리적 치유의 과정으로 작용하기도 한다. 예를 들어, 잃어버린 사랑의 추억이 특정한 노래와 결합되어 떠오를 때, 우리는 그 감정과 함께 성장하고 변화한 자신을 인식하게 된다. 이러한 경험은 정체성을 형성하는 데 큰 영향을 미친다.

4. 현대 사회와 프루스트 현상

현대 사회에서 프루스트 현상은 다양한 방식으로 나타난다. 음식, 음악, 향수 등은 우리에게 과거의 순간을 떠올리게 하는 강력한 도구가 된다. 특히, 소셜 미디어의 발달로 우리는 다양한 감각적 자극을 쉽게 접할 수 있으며, 이는 우리의 기억과 감정에 큰 영향을 미친다. 예를 들어, 친구와의 재회에서 함께 나눈 음식이나, 특정한 장소에서의 순간이 사진과 함께 공유될 때, 우리는 그 순간의 감정을 다시 느끼게 된다. 현대인의 삶에서 프루스트 현상은 기억을 되살리고, 정서적 연결을 강화하는 중요한 요소로 작용하며, 우리가 살아가는 방식과 우리의 관계를 형성하는 데 기여하고 있다.

프루스트는 그의 시간을 어떻게 이해했을까?

마르셀 프루스트는 그의 작품 『잃어버린 시간을 찾아서』를 통해 시간을 깊이 탐구했다. 그가 이해한 시간은 단순한 선형적 흐름이 아니라, 기억과 감정이 얽힌 복잡한 구조로 나타난다. 다음은 프루스트가 시간을 어떻게 이해했는지를 설명하는 몇 가지 핵심 포인트다.

1. 시간의 비선형성

프루스트는 시간을 직선적으로 경험하는 것이 아니라, 과거와 현재가 서로 얽혀 있는 복잡한 구조로 이해했다. 그는 특정 순간의 감각 경험이 과거의 기억을 불러일으키며, 이 기억이 현재의 감정과 연결된다고 보았다. 즉, 시간이란 단순히 흐르는 것이 아니라, 기억 속에서 반복되고 재창조되는 것이다.

2. 기억의 중요성

프루스트에게 기억은 시간이 어떻게 형성되는지를 이해하는 중요한 열쇠이다. 그는 감각적 경험, 특히 맛이나 냄새와 같은 요소가 기억을 활성화하는 방식에 주목했다. 이러한 감각적 자극은 과거의 기억을 생생하게 되살리는 역할을 하며, 이는 개인의 정체성과 삶의 의미를 찾아가는 과정에서 필수적이다.

3. 주관적 시간 경험

프루스트는 각 개인이 시간을 어떻게 경험하는지는 주관적이며, 이는 각자의 삶의 경험과 감정에 따라 다르게 나타난다고 보았다. 그는 시간의 흐름이 외부 세계와의 상호작용 속에서 어떻게 변하는지를 탐구하며, 개인의 감정과 기억이 시간의 경험에 미치는 영향을 강조했다.

4. 상실과 회복

프루스트의 시간 이해는 상실과 회복의 주제를 중심으로 전개된다. 그는 잃어버린 시간을 회복하고자 하는 갈망을 표현하며, 이를 통해 자신의 정체성을 찾고자 했다. 과거의 기억을 되살리려는 노력은 그에게 있어 시간을 극복하고, 자신을 이해하는 길이었다.

5. 예술과 시간

프루스트는 예술이 시간을 이해하고 표현하는 중요한 수단이라고 생각했다. 그는 문학을 통해 자신의 시간을 탐구하고, 이를 통해 독자가 시간을 어떻게 경험할 수 있는지를 보여주고자 했다. 그의 작품은 시간의 복잡성을 드러내며, 독자들에게 깊은 감정적 경험을 제공한다.

프루스트는 시간을 단순히 흐르는 것이 아니라, 기억과 감정이 얽혀 있는 복잡한 과정으로 이해했다. 그의 사유는 우리가 시간을 어떻게 경험하고, 그 경험이 우리의 정체성에 어떻게 영향을 미치는지를 깊이 탐구하는 데 중요한 기초가 된다.

자연의 향기,
마음을 치유하는 자연의 선물

 자연의 향기는 우리 삶에서 잊을 수 없는 소중한 부분이다. 숲속의 신선한 풀 내음, 형형색색의 꽃의 향기, 그리고 바다의 짭짤한 공기 등 자연은 우리에게 다양한 향기를 선사하며, 이러한 향기는 우리에게 깊은 위안과 안정감을 준다. 이러한 자연의 향기는 단순한 냄새를 넘어서, 우리의 감정과 기억에 큰 영향을 미치며, 우리의 건강에도 긍정적인 효과를 가져온다. 자연을 통해 느끼는 향기는 우리에게 치유와 회복의 기회를 제공하며, 삶의 질을 높여주는 중요한 요소로 작용한다.

1. 숲속의 향기

숲속에 들어서면 느껴지는 상쾌한 공기와 나무의 향기는 우리의 마음을 편안하게 만들어준다. 특히, 소나무와 같은 침엽수는 피톤치드라는 물질을 방출하는데, 이는 스트레스를 줄이고 면역력을 높여주는 효과가 있다. 이러한 피톤치드는 자연에서 발생하는 항균 물질로, 숲속에서의 산책은 단순한 운동을 넘어 우리의 면역 체계를 강화하고 심리적인 안정감을 제공한다. 연구에 따르면, 자연 속에서 시간을 보내는 사람들은 불안감이 줄어들고, 전반적인 행복감이 증가한다고 한다. 숲속의 향기는 우리의 감각을 깨우고, 자연과의 깊은 연결을 느끼게 해준다.

2. 꽃의 향기

꽃의 향기는 우리의 감각을 자극하며, 기분을 좋게 만들어준다. 장미, 라벤더, 자스민 등 다양한 꽃들은 각기 다른 향기를 가지고 있으며, 그 향기는 사랑, 안정, 그리고 편안함을 상징한다. 특히 라벤더 향기는 불안을 해소하고 수면을 돕는 효과가 있어, 많은 사람들이 아로마테라피에 활용하고 있다. 꽃의 향기는 단순한 아름다움을 넘어, 우리의 정서적 안정에 기여한다. 예를 들어, 자스민의 향기는 기분을 고양시키고 스트레스를 감소시켜 주며, 이는 일상적인 스트레스에서 벗어나는 데 큰 도움을 준다. 이러한 향기는 우리에게 긍정적인 감정을 불러일으키고, 일상의 스트레스를 잊게 해준다.

3. 바다의 향기

바다의 짭짤한 향기는 우리의 마음을 자유롭게 해준다. 바다의 향기는 해양 식물과 소금기가 섞여 나오는 독특한 향으로, 많은 사람들에게 휴식과 평화를 제공한다. 바닷가에서 느끼는 바람과 함께하는 해양의 향기는 일상의 번잡함에서 벗어나, 새로운 에너지를 충전하는 데 큰 도움을 준다. 바다의 향기는 우리가 자연과의 연결감을 느끼게 해주며, 삶의 소중함을 다시금 깨닫게 해준다. 또한, 바다의 소리와 함께 느끼는 향기는 우리의 스트레스를 감소시키고, 마음의 평화를 찾는 데 기여한다. 바다에서의 경험은 우리의 감정적인 회복력을 높여주며, 더 나은 삶의 질을 제공하는 데 중요한 역할을 한다.

4. 자연의 향기의 치유력

자연의 향기는 단순한 후각적 경험을 넘어서, 우리의 정신적, 정서적 건강에도 긍정적인 영향을 미친다. 연구에 따르면, 자연의 향기를 맡는 것은 스트레스 호르몬 수치를 낮추고, 기분을 좋게 하는 데 도움을 준다. 이는 향기가 우리의 뇌와 신경계에 긍정적인 영향을 미치기 때문이다. 예를 들어, 숲속에서 느끼는 향기는 우리의 뇌파를 안정시켜 주고, 깊은 이완 상태로 이끌어 준다. 또한, 자연의 향기는 우리의 일상 속에서 치유와 회복의 역할을 하며, 삶의 질을 높여주는 중요한 요소가 된다. 이러한 향기는 우리의 감정 상태를 조절하고, 더욱 긍정적인 사고를 할 수 있도록 도와준다.

자연의 향기는 우리가 잊고 지내던 소중한 감각을 일깨우는 힘을 가지고 있다. 숲, 꽃, 바다 등에서 느끼는 향기는 우리의 마음을 치유하고, 행복한 기억을 불러일으킨다. 이러한 향기를 통해 우리는 자연과의 연결을 느끼고, 일상의 스트레스에서 벗어날 수 있는 기회를 갖게 된다. 그래서 우리는 더 자주 자연 속에서 시간을 보내고, 그 향기를 만끽하며 삶의 작은 행복을 찾아야 할 것이다. 자연의 향기는 우리에게 주어진 소중한 선물이며, 이를 통해 우리는 더 건강하고 행복한 삶을 누릴 수 있다.

자연의 향기는 단순한 감각적 경험을 넘어, 우리에게 깊은 연결감을 선사한다. 숲속의 상쾌한 풀 내음, 꽃의 은은한 향기, 바다의 짭짤한 바람까지, 이러한 향기들은 우리의 감정을 자극하고, 자연과의 관계를 더욱 돈독하게 만들어준다. 우리는 바쁜 일상 속에서 종종 잊고 지내는 자연과의 유대감을, 이 향기를 통해 다시 한번 되새길 수 있다. 자연의 향기는 우리의 삶에 깊이 뿌리내린 감정과 기억을 일깨우며, 우리가 자연의 일부임을 상기시킨다. 다음은 자연의 향기로 자연과의 연결감을 느낄 수 있는 몇 가지 방법이다.

1. 숲속의 향기와 마음의 평화

숲속에 들어서면 느껴지는 나무와 식물의 향기는 마치 자연이 우리를 따뜻하게 반겨주는 듯한 기분을 준다. 특히 소나무의 피톤치드가 방출되는 순간, 우리는 마치 스트레스와 불안이 사라지는 것을 느낄 수 있다. 숲속의 향기는 우리의 감각을 깨우고, 마음의 평화를 가져다 준다. 이곳에서 우리는 자연의 일부가 되어, 바쁜 일상 속에서 느끼지 못했던 고요함을 찾을 수 있다. 나무 사이로 스며드는 햇살과 바람의 조화는 우리의 마음을 안정시키고, 삶의 소중한 순간들을 되새기는 기회를 제공한다. 이처럼 숲의 향기는 단순한 냄새가 아닌, 우리가 자연과 연결되어 있다는 사실을 상기시켜 주는 중요한 요소이다.

2. 꽃의 향기로 느끼는 감정의 연결

꽃의 향기는 그 자체로 감정의 연결을 만들어낸다. 각기 다른 꽃들이 내뿜는 향기는 사랑, 기쁨, 위로 등을 상징하며, 우리의 기억 속에 깊이 자리 잡고 있다. 예를 들어, 장미의 향기는 사랑과 열정을, 라벤더의 향기는 안정과 평화를 연상시킨다. 이러한 향기를 맡을 때마다 우리는 자연과 함께했던 순간들을 떠올리게 된다. 특히 특별한 날에 받은 꽃다발의 향기는 그 순간의 감정을 다시 불러일으킬 수 있다. 꽃의 향기는 단순한 냄새가 아니라, 우리가 자연과의 관계를 깊이 느낄 수 있도록 돕는 매개체가 되는 것이다.

3. 바다의 향기로 느끼는 자유

바다의 짭짤한 향기는 우리의 마음을 열어주는 역할을 한다. 바닷가에 서면 느끼는 그 향기는 우리에게 자유를 주고, 자연과의 연결감을 강화한다. 바다의 파도 소리와 함께 느끼는 해양의 향기는 우리의 내면을 정화하고, 삶의 본질을 되돌아보게 한다. 바다의 향기는 우리가 자연의 일부임을 깨닫게 해주며, 그 안에서 느끼는 평화로움은 일상에서의 스트레스를 잊게 만들어준다. 바다에서의 순간들은 마치 시간의 흐름을 잊게 만들고, 우리는 그곳에서 진정한 나 자신을 발견할 수 있다. 이처럼 바다의 향기는 우리가 자연과의 유대감을 느끼고, 생명력을 다시 찾는 데 큰 역할을 한다.

4. 자연의 향기로 이루는 감정의 회복

자연의 향기는 우리의 심리적 안정과 회복에도 큰 영향을 미친다. 여러 연구에 따르면, 자연 속에서의 경험은 스트레스 호르몬 수치를 낮추고, 기분을 향상시키는 데 도움을 준다. 우리가 자연의 향기를 맡을 때, 그 향기는 우리의 뇌에 긍정적인 영향을 미치고, 감정적인 회복을 도와준다. 특히, 현대 사회에서 우리는 다양한 스트레스 요인에 시달리고 있지만, 자연의 향기는 그로부터 벗어나는 데 큰 도움을 준다. 이는 우리가 자연과 연결되어 있다는 사실을 다시 한번 확인시켜 주며, 자연 속에서의 경험이 우리의 삶에 얼마나 중요한지를 깨닫게 한다. 자연의 향기는 단순히 기분을 좋게 하는 것에 그치지 않고, 우리의 삶의 질을 향상 시키는 중요한 역할을 한다.

자연의 향기는 우리에게 깊은 연결감을 느끼게 해주는 소중한 자원이다. 숲, 꽃, 바다의 향기를 통해 우리는 자연의 일부임을 느끼고, 그 안에서 위안과 평화를 찾을 수 있다. 이러한 향기는 우리의 감정을 자극하고, 자연과의 유대감을 더욱 강화시킨다. 일상에서 자연의 향기를 느끼며, 우리는 더 나은 삶을 위한 작은 여정을 시작할 수 있다. 자연의 향기는 우리에게 주어진 선물이며, 이를 통해 우리는 다시 한번 자연과의 연결을 느끼고, 삶의 소중함을 깨닫게 된다.

일상 속 향기의 마법

우리의 일상은 여러 가지 감각으로 가득 차 있다. 그중에서도 향기는 특별한 힘을 지니고 있다. 향기는 단순한 냄새가 아니라, 기억과 감정을 불러일으키는 마법 같은 존재이다. 일상 속에서 만나는 향기의 마법에 대해 자세히 이야기해 보려 한다.

향기와 기억의 연결

우리는 종종 특정 향기가 과거의 기억을 떠오르게 하는 특별한 경험을 한다. 예를 들어, 어릴 적 집에서 엄마가 정성껏 요리하던 음식의 향기나, 할머니의 정원에서 맡았던 장미꽃의 향기는 그 시절의 행복한 순간들을 생생하게 떠올리게 한다. 이러한 향기는 뇌의 기억과 깊은 연관이 있으며, 특정 향기가 우리의 감정을 자극해 그 순간의 행복한 감정을 다시 경험할 수 있도록 돕는다. 향기는 단순한 감각을 넘어, 우리의 정서를 풍부하게 만들어주는 중요한 요소로 자리 잡고 있다. 향기가 주는 감정적 연결은 우리가 사랑했던 사람들과의 소중한 기억을 더욱 깊이 있게 만들어주며, 때로는 그리움과 애틋함을 불러일으키기도 한다.

일상 속의 향기 경험

우리가 매일 접하는 다양한 향기들은 우리의 기분에 큰 영향을 미친다. 아침에 마시는 커피의 고소한 향은 하루를 시작하는 에너지를 주고, 꽃들이 만발한 봄날의 향기는 마음을 기분 좋게 만들어준다. 특히, 향초나 디퓨저의 은은한 향기는 집안의 분위기를 따뜻하게 만들어주며, 스트레스를 해소하는 데 큰 도움을 준다. 이러한 향기들은 우리의 일상에 작은 행복을 더해주며, 일상의 소소한 순간들을 더욱 특별하게 만들어준다. 예를 들어, 비 오는 날 창가에 앉아 따뜻한 차 한 잔을 마시며 느끼는 향기는 그 자체로 하나의 작은 힐링을 제공한다.

향기와 감정

향기는 감정과 밀접한 관계를 갖고 있다. 라벤더 향은 편안함과 안정감을 주어 수면에 도움을 주고, 시트러스 향은 상쾌함과 활력을 불어넣어 준다. 연구에 따르면, 특정 향기는 긍정적인 감정을 유도하고, 불안감을 줄이는 데 효과적이라고 한다. 예를 들어, 바닐라 향은 많은 사람들에게 따뜻한 느낌을 주며, 초콜릿 향은 기분을 좋게 만드는 데 도움을 준다. 이러한 향기의 힘을 활용하여 우리는 일상 속에서 더욱 행복하고 긍정적인 기분을 유지할 수 있다. 향기를 통해 감정의 변화를 느끼고, 이를 통해 우리의 삶을 보다 풍요롭게 만드는 방법을 발견할 수 있다.

향기와 문화

향기는 또한 다양한 문화에서 중요한 역할을 한다. 많은 문화권에서는 특정 향기나 향초를 사용하여 특별한 의식이나 축제를 기념한다. 예를 들어, 인도에서는 향신료의 향이 가득한 요리를 통해 가족과의 유대를 강화하고, 일본에서는 전통적인 차 문화 속에서 향기를 즐긴다. 또한, 아프리카의 일부 부족에서는 향수를 사용하여 신성한 의식을 치르기도 한다. 이러한 문화적 전통은 향기가 지닌 의미를 더욱 깊이 있게 만들어주며, 각 문화의 독특한 정체성을 형성하는 데 기여한다. 향기가 문화적 상징으로 자리 잡는 과정은 사람들 간의 유대와 소통을 강화하는 데 중요한 역할을 한다.

일상 속 향기의 마법은 우리의 삶에 깊은 영향을 미치고 있다. 향기는 단순한 냄새가 아닌, 기억과 감정을 연결하는 중요한 매개체이다. 우리는 매일 다양한 향기와 함께 살아가며, 그 속에서 행복과 위안을 찾을 수 있다. 향기의 마법을 통해 일상에서 더 많은 의미와 기쁨을 발견하고 당신의 삶이 향기로 가득 차기를 바란다. 향기는 우리에게 소중한 기억을 불러일으키고, 감정을 풍부하게 만들어 주는 소중한 자원임을 잊지 말아야 한다. 향기는 우리에게 편안함을 주고, 스트레스를 줄이며, 심리적 웰빙을 증진시키는 데 도움을 줄 수 있다. 일상 속에서 향기를 활용하여 심리적 웰빙을 향상시키는 방법에 대해 알아보자.

1. 아로마테라피의 힘

아로마테라피는 특정 향기를 통해 심리적 안정과 치유를 추구하는 방법이다. 라벤더, 페퍼민트, 유칼립투스 등 다양한 아로마 오일이 있으며, 이들은 각각의 특성에 따라 다양한 효과를 제공한다. 예를 들어, 라벤더는 불안과 스트레스를 완화하는 데 효과적이며, 페퍼민트는 집중력을 높여주는 데 도움을 준다. 아로마 오일을 디퓨저에 넣거나 목욕할 때 몇 방울 떨어뜨려 사용하는 방법으로 손쉽게 적용할 수 있다.

2. 향초와 인센스의 활용

향초나 인센스는 집안의 분위기를 바꾸는 데 큰 역할을 한다. 불을 붙이면 발생하는 향기는 공간을 따뜻하고 아늑하게 만들어주며, 마음의 안정을 돕는다. 저녁 시간에 향초를 켜고 편안한 음악을 함께 듣는 것만으로도 하루의 피로를 풀고, 심리적 안정을 찾는 데 큰 도움이 될 수 있다.

3. 기억을 불러일으키는 향기

특정 향기는 과거의 기억을 떠올리게 하는 강력한 도구이다. 자신에게 긍정적인 감정을 불러일으켰던 향기를 찾아 자주 접하게 되면, 그 향기를 맡는 순간 자연스럽게 좋은 기억과 감정이 떠오른다. 예를 들어, 어린 시절의 집에서 맡았던 음식의 향기나, 여행 중 느꼈던 꽃향기는 마음의 평화를 가져다줄 수 있다.

4. 명상과 향기

명상이나 요가를 할 때, 자신에게 맞는 향기를 활용하면 내면의 평화를 찾는 데 큰 도움이 된다. 향초나 아로마 오일을 사용하여 편안한 환경을 조성하고, 깊은 호흡과 함께 향기를 느끼면 더욱 집중할 수 있다. 이러한 경험은 스트레스를 줄이고, 마음의 안정감을 높이는 데 기여한다.

5. 향기로운 일상 만들기

일상 속에서 향기를 활용하는 것은 매우 간단하다. 매일 사용하는 제품에 향기를 더해보는 것이다. 예를 들어, 샴푸나 바디워시에서 좋아하는 향기를 선택하거나, 집 안 청소 시 사용하는 세제의 향기를 신경 써서 선택하는 것도 좋은 방법이다. 작은 변화가 큰 효과를 가져올 수 있다.

일상 속에서 향기를 활용하는 것은 심리적 웰빙을 향상시키는 효과적인 방법이다. 향기는 우리의 감정과 기분에 직간접적으로 영향을 미치며, 이를 통해 더 나은 삶을 만들어갈 수 있다. 향기의 마법을 느끼며, 하루하루를 더욱 풍요롭게 만들어 보도록 하자.

향수와 감정,
향기가 불러오는 기억

　향수는 단순히 향기를 넘어 우리의 감정과 기억을 자극하는 강력한 매개체이다. 특정한 향기는 과거의 순간들을 불러일으키고, 잊혔던 감정들을 다시금 깨우는 힘을 가지고 있다. 인간의 후각은 다른 감각보다 더 강력하게 기억을 불러일으키는 특성을 가지고 있으며, 이는 향수가 개인의 감정과 경험에 깊이 연결되어 있음을 의미한다. 향수와 감정의 관계를 살펴보고, 향기가 어떻게 우리의 기억을 형성하고 감정을 자극하는지 알아보자.

1. 향기의 힘

향기는 우리의 오감 중에서도 특히 기억과 깊은 연관이 있다. 후각은 뇌의 변연계와 직접 연결되어 있다. 변연계는 감정과 기억을 담당하는 뇌의 영역으로, 향기가 뇌에 전달되면 즉각적으로 감정적 반응을 일으킬 수 있다. 뇌의 감정과 기억을 담당하는 부분과 직접 연결되어 있어, 다른 감각보다 더 강렬하게 과거의 경험을 떠올리게 한다. 예를 들어, 어린 시절 사용하던 향수가 문득 코에 스치면, 그 향기는 단순한 냄새를 넘어 부모님과의 따뜻한 기억이나 친구들과의 즐거운 순간을 떠올리게 할 수 있다. 이는 향수가 개인의 정체성과 감정에 얼마나 큰 영향을 미치는지를 보여준다.

2. 향수와 기억의 연결

향기는 특정한 기억과 결합하여, 그 기억을 더욱 생생하게 만들어준다. 마르셀 프루스트는 그의 소설에서 마들렌의 맛이 과거의 기억을 불러일으키는 과정을 설명했지만, 향수 또한 비슷한 역할을 한다. 예를 들어, 자주 가던 카페의 향기나 특별한 날에 뿌린 향수는 그 순간의 감정과 분위기를 함께 떠오르게 한다. 이러한 향기는 기억의 '타임캡슐' 역할을 하여, 특정 순간을 다시 경험하게 해준다. 특정 향수는 개인에게 특별한 기억을 불러일으킬 수 있다. 부모님이 사용하던 향수는 그리움과 사랑의 감정을 떠오르게 할 수 있으며, 첫 데이트에서 사용한 향수는 설렘과 기대감을 환기시킬 수 있다. 이러한 기억 회상은 단순한 향기의 경험을 넘어서, 그 당시의 상황, 사람, 심지어는 감정까지 생생하게 떠오르게 하여 향수의 선택에 큰 영향을 미치며, 향수를 통해 감정을 표현하고 소중한 순간을 회상할 수 있는 기회를 제공한다. 향수는 기억을 회상하는 데 있어 단순히 과거를 떠올리게 하는 것 이상의 역할을 한다. 향기를 통해 우리는 과거의 감정을 재경험하고, 그 경험을 통해 현재의 삶을 돌아보는 기회를 가질 수 있다. 향수의 기억 회상 효과는 우리에게 삶의 소중한 순간들을 다시금 느끼게 해주며, 이는 개인의 성장과 변화에 기여할 수 있다.

3. 감각적 경험의 복합성

향기는 다른 감각과 결합되어 기억을 더욱 풍부하게 만들어준다. 예를 들어, 특정한 장소에서 느꼈던 향기와 함께 그곳의 풍경이나 소리, 감정이 함께 떠오르면, 기억이 더욱 생생하고 복합적으로 회상된다. 이러한 감각적 경험의 복합성은 우리의 기억을 더욱 풍부하게 만들어주며, 특정 순간을 더욱 깊이 있게 느끼게 한다. 즉, 향기는 단순한 후각적 경험에 국한되지 않고, 다른 감각들과의 상호작용을 통해 기억을 더욱 풍부하게 하는 역할을 한다.

4. 무의식적인 기억 회상

향기는 우리의 의식적인 생각과는 다르게 무의식적으로 기억을 회상하게 할 수 있는 특별한 능력을 갖추고 있다. 특정 향기가 우연히 코에 스치면, 우리는 그 향기와 관련된 과거의 기억을 의식하지 않고도 떠올리게 된다. 이러한 현상은 종종 예상치 못한 순간에 발생하며, 이는 향기가 우리의 기억에 미치는 강력한 영향력을 보여준다. 때로는 이러한 무의식적인 기억 회상이 우리의 감정에 깊은 영향을 미치기도 하며, 과거의 경험을 다시 돌아보게 하는 계기가 되기도 한다.

5. 향수의 개인적 의미

각 개인에게 향수는 특별한 의미를 가질 수 있다. 어떤 사람은 어머니의 향수 냄새를 맡으면 어린 시절의 안전함과 사랑을 느끼기도 하고, 또 다른 사람은 연인의 향기를 통해 그리움과 사랑을 느낄 수 있다. 이러한 향수는 개인의 경험에 따라 다르게 해석되며, 각각의 향기가 불러오는 감정은 고유한 의미를 지닌다. 이는 향수가 단순한 소비재가 아니라, 감정적 유대감을 형성하는 중요한 요소임을 나타낸다.

6. 향기와 감정의 상호작용

향수는 감정의 표현 수단이기도 하다. 특정한 향기를 사용함으로써 자신을 표현하거나, 특정한 기분을 유도할 수 있다. 예를 들어, 라벤더 향은 편안함과 안정감을 주며, 시트러스 계열의 향은 기분을 좋게 하고 활력과 에너지를 불러일으킨다. 반면, 머스크나 우디 계열의 향은 깊이 있는 감정과 성숙함, 안정감과 편안함을 느끼게 한다. 향수는 다양한 감정을 자극할 수 있다. 이러한 향기는 우리의 감정을 조절하고, 사회적 상호작용에서 중요한 역할을 한다. 어떤 향수를 선택하느냐에 따라, 사람들은 자신이 원하는 이미지를 구축할 수 있다. 예를 들어, 자신감과 매력을 강조하고 싶다면 강렬한 플로럴 향수를 선택할 수 있으며, 편안하고 친근한 이미지를 원한다면 부드러운 우디 향수를 선택할 수 있다. 이처럼 향수는 우리의 감정을 외부에 드러내는 중요한 요소로 작용한다.

7. 치유와 회복의 역할

향기는 심리적 치유와 회복에도 긍정적인 영향을 미칠 수 있다. 특정 향기가 과거의 아픈 기억을 불러일으킬 때, 그 기억을 다시 마주함으로써 치유의 과정을 도와줄 수 있다. 이는 향기가 감정의 처리와 회복에 중요한 역할을 한다는 것을 의미하며, 향기를 통해 우리는 과거의 상처를 극복하고 새로운 시작을 할 수 있는 기회를 가질 수 있다. 이러한 치유의 과정은 향기가 단순히 기억을 불러일으키는 것을 넘어, 우리의 감정적 안정과 회복에도 기여함을 보여준다.

향수는 단순한 향기를 넘어, 우리의 감정과 기억을 불러일으키는 강력한 힘을 지닌 존재이다. 특정한 향기가 과거의 기억을 불러일으키고, 그 기억을 더욱 생생하게 만들어주는 과정은 인간의 경험에서 중요한 부분을 차지한다. 향수와 감정의 관계를 이해함으로써 우리는 과거의 기억을 회상하고, 그 기억과 연결된 감정의 깊이를 경험할 수 있다. 이는 우리가 향수를 선택하는 데 있어 중요한 요소가 된다. 향기는 잊혀진 순간을 다시 불러오고, 그리움을 느끼게 하며, 삶의 소중한 기억 들을 더욱 의미 있게 만들어준다. 향수를 통해 우리는 자신을 표현하고, 소중한 기억을 되새길 수 있는 기회를 가지게 된다. 향수와 감정의 관계를 이해함으로써, 우리는 더 깊이 있는 향기 경험을 즐길 수 있을 것이다.

향기와 심리,
냄새가 우리의 기분에 미치는 영향

향기는 우리의 일상생활에서 무의식적으로 큰 영향을 미치는 요소로 자리 잡고 있다. 우리가 느끼는 냄새는 단순한 감각 이상의 의미를 지니며, 우리의 감정, 기억, 행동에까지 깊은 영향을 미치는 중요한 역할을 한다. 향기는 과거의 기억을 떠올리게 하고, 특정 감정을 자극하며, 심리적 안정감을 제공하는 등 다양한 방식으로 우리의 삶에 녹아들어 있다. 이러한 향기의 심리적 효과는 여러 연구를 통해 입증되었으며, 이는 우리가 기분을 조절하고 삶의 질을 향상시키는 데에 있어 매우 중요한 요소로 작용한다.

후각은 다른 감각들과는 다르게 뇌의 감정과 기억을 관장하는 부분과 밀접하게 연결되어 있다. 이는 특정 냄새가 과거의 기억이나 감정을 즉각적으로 불러일으킬 수 있다는 것을 의미한다. 예를 들어, 꽃향기는 사랑과 행복을, 커피 향기는 아침의 활기를 떠올리게 하는 등 각 향기는 우리에게 고유한 감정을 부여하고, 어린 시절 어머니가 요리하던 음식의 냄새는 그 시절의 행복한 기억을 생생하게 떠올리게 할 수 있다. 이러한 방식으로 향기는 우리의 정서적 상태와 깊은 연관을 맺고 있으며, 이는 우리가 느끼는 행복, 슬픔, 혹은 그리움과 같은 다양한 감정을 자극한다. 특정 향기가 주는 정서적 반응은 개인의 경험에 따라 다를 수 있으며, 이는 각자의 삶의 이야기를 반영하는 중요한 요소이다.

많은 연구에 따르면, 특정 향기는 우리의 불안과 스트레스를 줄이고 기분을 개선하는 데 도움을 줄 수 있다. 예를 들어, 라벤더 향은 그 진정 효과로 인해 불면증이나 불안감을 완화하는 데 특히 효과적인 것으로 알려져 있다. 또한, 시트러스 계열의 향기들은 활력을 주고 긍정적인 에너지를 불어넣는 데 기여한다. 이러한 향기는 신경전달물질, 특히 세로토닌과 도파민의 분비를 자극하여 기분을 좋게 만드는 데 큰 역할을 한다. 우리의 감정 상태를 조절하는 데 중요한 역할을 하며, 일상생활에서 쉽게 활용할 수 있다. 따라서 향기를 통해 우리는 일상 속에서 기분을 조절하고 스트레스를 관리할 수 있는 방법을 찾을 수 있다.

향기와 감정의 관계에 대한 연구는 여러 가지가 있는데 다음은 그중 몇 가지 사례이다.

라벤더와 불안 감소

여러 연구에서 라벤더 향이 불안을 줄이는 데 효과적이라는 결과가 나타났다. 한 연구에서는 라벤더 향이 심박수와 혈압을 낮추어, 스트레스 상황에서 더 편안함을 느끼게 한다고 보고했다. 이는 라벤더가 진정 효과가 있음을 보여준다.

시트러스 향과 기분 개선

시트러스 계열의 향기(예: 오렌지, 레몬)는 기분을 좋게 하고 에너지를 증가시키는 것으로 알려져 있다. 한 연구에서는 시트러스 향이 사람들의 기분을 긍정적으로 변화시키고, 피로감을 줄이는 효과가 있음을 발견했다.

특정 냄새와 기억 회상

냄새는 기억과 밀접하게 연결되어 있다. 한 연구에서는 특정 음식 냄새가 참가자들에게 어린 시절의 기억을 떠올리게 하는 데 효과적이라는 결과가 있었다. 이 연구는 후각이 기억을 자극하는 강력한 수단임을 보여준다.

향기와 사회적 상호작용

또 다른 연구에서는 향기가 사람들 간의 관계에 미치는 영향을 조사했다. 좋은 향기를 가진 사람은 더 긍정적인 인상을 주고, 친밀감을 높이는 데 도움을 준다는 결과를 얻었다. 이는 향기가 사회적 상호작용에서 중요한 역할을 한다는 점을 강조한다.

이러한 연구들은 냄새와 감정의 관계가 매우 깊고 복잡하다는 것을 보여준다. 향기를 활용한 심리적 개입이나 환경 조성이 기분 개선에 도움이 될 수 있음을 시사한다.

향기는 우리가 있는 공간의 분위기를 변화시키는 중요한 요소로 작용한다. 아로마테라피나 향초를 이용한 공간 연출은 편안함과 안정감을 제공하며, 이로 인해 사람들은 더 나은 집중력과 창의성을 발휘할 수 있다. 예를 들어, 카페나 레스토랑에서는 특정 향기를 통해 고객의 체류 시간을 늘리거나 긍정적인 경험을 제공하는 전략을 사용하기도 한다. 이는 향기가 환경에 미치는 영향을 극명하게 보여주며, 공간의 분위기를 조성하는 데 있어 향기의 역할이 얼마나 중요한지를 잘 나타낸다.

향기는 사람 간의 관계에도 중요한 영향을 미치는 요소이다. 좋은 향기는 타인에게 긍정적인 인상을 주고, 친밀감을 증진시키는 데 도움을 줄 수 있다. 반면에 불쾌한 냄새는 사람들을 멀어지게 하거나 부정적인 감정을 유발할 수 있다. 이러한 점에서 향기는 사회적 상호작용에서도 필수적인 역할을 하며, 특히 사람들 사이의 첫인상이나 대화의 분위기를 결정짓는 데 중요한 영향을 미친다. 따라서 자신이 풍기는 향기를 의식하고 관리하는 것은 사회적 관계를 개선하는 데 도움이 될 수 있다.

향기와 심리는 서로 깊은 연관이 있으며, 냄새는 우리의 기분과 행동에 큰 영향을 미친다. 향기를 적절히 활용함으로써 우리는 더 나은 환경을 조성하고, 긍정적인 감정을 증진시킬 수 있다. 향기의 힘을 이해하고 이를 일상생활에 적용하는 것은 우리의 삶의 질을 향상시키는 데 큰 도움이 될 것이다. 우리는 일상에서 향기를 통해 자신의 감정을 조절할 수 있다. 예를 들어, 집중이 필요할 때는 페퍼민트 향을 사용하여 정신을 맑게 하고, 불안감을 느낄 때는 라벤더를 통해 마음의 안정을 찾는 방법이 있다. 또한, 향초나 아로마 오일을 활용해 집안 분위기를 조성함으로써 편안한 환경을 만들고, 심리적 웰빙을 증진시킬 수 있다.

향기를 선택할 때는 개인의 경험과 감정 상태를 고려하는 것이 중요하다. 자신에게 긍정적인 감정을 불러일으키는 향기를 찾아 그 향기를 자주 접하게 되면, 자연스럽게 기분이 좋아지고 행복감을 느낄 수 있다. 각자의 취향에 맞는 향기를 발견하고, 이를 생활 속에서 적극적으로 활용하는 것이 좋다.

우리는 향기의 심리적 효과를 통해 삶의 작은 순간들을 더욱 의미 있게 만들 수 있으며, 이는 곧 우리의 행복한 삶으로 이어질 것이다. 향기를 통해 감정을 조절하고, 기억을 되살리며, 심리적 안정감을 찾는 것은 우리의 삶의 질을 높이는 데 기여할 수 있다. 향기의 힘을 느끼며, 더 나은 기분과 행복한 삶을 향해 나아가길 바란다.

향기의 힘,
그 과거 현재 미래

　향기는 우리의 삶에서 종종 간과되기 쉬운 요소이지만, 그 힘은 실로 강력하다. 우리는 향기를 통해 감정을 느끼고, 과거의 기억을 떠올리며, 심지어 특정 행동을 유도하기도 한다. 향기가 우리의 감정과 기억에 어떤 영향을 미치는지, 그리고 이를 활용하여 삶의 질을 향상시킬 수 있는 방법에 대해 살펴보자.

　1. 향기의 심리적 효과

　향기는 후각을 통해 뇌의 특정 부위에 직접적인 영향을 미친다. 특히, 후각은 기억과 감정을 담당하는 변연계와 밀접하게 연결되어 있어,

특정 향기를 맡았을 때 우리는 그 향기에 대한 기억이나 감정을 즉각적으로 떠올릴 수 있다. 예를 들어, 어린 시절의 집에서 느꼈던 음식의 향기는 가족과의 따뜻한 기억을 불러일으키고, 사랑하는 사람의 향기는 그들과의 친밀한 순간을 상기시킨다. 이는 향기가 단순한 냄새 이상으로, 우리의 정서적 경험과 깊은 연관이 있다는 것을 보여준다. 향기는 마치 시간의 문을 열어주는 열쇠와 같아서, 우리가 잊고 있었던 순간들을 다시 떠올릴 수 있게 한다.

2. 감정 자극을 위한 향기의 활용

향기를 통해 긍정적인 감정을 자극하는 방법은 다양하다. 아로마테라피는 그 대표적인 예로, 특정 향기는 우리의 정서적 상태에 직접적인 영향을 미친다. 라벤더 향은 스트레스를 감소시키고, 마음을 편안하게 해주는 효과가 있어, 긴 하루를 보낸 후의 긴장을 풀어주는 데 큰 도움을 준다. 반면, 시트러스 계열의 향기는 에너지를 주고 기분을 상쾌하게 만들어준다. 이러한 향기를 일상생활에 활용하면, 감정적으로 더 안정되고 긍정적인 상태를 유지할 수 있다. 예를 들어, 하루를 시작할 때 상쾌한 오렌지 향의 디퓨저를 사용하면, 기분이 더욱 활기차고 긍정적으로 변할 수 있다. 또한, 긴 하루를 마치고 집에 돌아왔을 때 라벤더 향의 캔들을 켜면, 스트레스를 해소하고 편안한 분위기를 조성할 수 있다. 이러한 간단한 습관들이 우리의 삶의 질을 크게 향상시킬 수 있다.

3. 기억 회상을 위한 향기의 힘

향기는 기억을 되살리는 데 매우 효과적이다. 특정 향기를 맡으면, 그 향기와 관련된 과거의 순간들이 생생하게 떠오를 수 있다. 이 원리를 활용하여 감정적으로 힘든 순간을 극복하거나, 긍정적인 경험을 강화할 수 있는 방법이 있다. 예를 들어, 중요한 시험이나 발표를 준비할 때 특정 향기를 맡으면서 공부하면, 시험 날 그 향기를 다시 맡았을 때 집중력이 향상될 수 있다. 이는 향기가 기억을 자극하여, 더 나은 결과를 이끌어낼 수 있도록 도와준다. 또한, 우리가 좋아하는 향기를 경험하는 것은 긍정적인 감정을 불러일으키고 스트레스를 줄이는 데 효과적이다. 향기를 통해 과거의 좋은 기억을 활성화시키는 것은, 현재의 삶에도 긍정적인 영향을 미칠 수 있다.

4. 향기를 통한 관계 강화

향기는 사람 간의 관계를 더욱 깊게 만들어주는 역할도 한다. 사랑하는 사람의 향기는 그들과의 친밀감을 느끼게 해주고, 친구와의 만남에서 느껴지는 향기는 그 순간을 더욱 특별하게 만들어준다. 따라서 소중한 사람과의 기억을 더욱 의미 있게 만들기 위해 향기를 활용할 수 있다. 예를 들어, 특별한 날이나 기념일에 사랑하는 사람에게 그들이 좋아하는 향기를 선물하면, 그 향기는 두 사람의 소중한 기억과 연결되어 더욱 특별한 의미를 지니게 될 것이다. 이러한 방법은 인간관계를 더욱 돈독히 하고, 서로의 감정을 더욱 깊이 이해하는 데 기여한다.

향기는 우리의 감정과 기억에 깊은 영향을 미치는 강력한 도구이다. 이를 잘 활용하면, 우리는 일상에서 긍정적인 감정을 자극하고, 소중한 기억을 회상하며, 인간관계를 더욱 깊이 있게 만들 수 있다. 향기의 힘을 통해 보다 풍요롭고 의미 있는 삶을 누릴 수 있도록, 일상 속에서 향기를 적극적으로 활용해 보는 것은 어떨까? 향기는 우리가 잊고 지냈던 감정과 기억을 다시 불러일으키며, 삶을 더욱 특별하게 만들어줄 것이다.

그렇다면 향수가 과거의 기억을 소환할 수 있을까?

향수를 통해 과거의 기억을 소환할 수 있다는 사실은 매우 흥미롭고, 심리학적으로도 잘 연구된 주제이다. 향수는 단순한 향기가 아닌, 우리의 감정과 기억을 자극하는 강력한 매개체 역할을 하며, 이는 후각이 뇌의 감정과 기억을 담당하는 부분과 밀접하게 연결되어 있기 때문이다. 향수를 통해 우리는 잊고 있던 소중한 순간들을 다시 떠올릴 수 있다.

우리의 후각은 후각 신경을 통해 뇌의 변연계와 해마와 연결되어 있다. 변연계는 감정의 처리와 관련이 깊고, 해마는 기억을 저장하는 역할을 한다. 이 두 부분의 연결 덕분에 특정 향기를 맡으면 그와 관련된 기억이 즉각적으로 떠오를 수 있다. 예를 들어, 꽃향기를 맡으면 어린 시절의 정원에서 뛰어놀던 기억이 떠오르거나, 바다의 짠 내가 나면 가족과의 여름휴가가 떠오를 수 있다.

특정 향수는 종종 특정한 사건이나 사람과 깊은 연관이 있다. 사랑하는 사람의 향수를 맡으면 그 사람과의 소중한 순간들이 생생하게 떠오르곤 한다. 예를 들어, 첫 데이트 때 그 사람이 뿌렸던 향수를 다시 맡는다면, 그때의 설렘과 행복감이 되살아날 것이다. 또한, 어린 시절 자주 사용했던 향수가 현재 맡았을 때, 그 시절의 기억이 마치 어제의 일처럼 생생하게 소환되기도 한다. 이는 향수의 힘이 얼마나 큰지를 보여준다.

 향수는 또한 감정을 더욱 강하게 만들어주는 역할을 한다. 기쁜 순간, 슬픈 순간, 특별한 날에 사용했던 향수는 그러한 감정을 다시 느끼게 해주며, 그때의 기억을 생생하게 떠올리게 한다. 예를 들어, 졸업식 날 뿌렸던 향수를 다시 맡는다면 새로운 시작의 설렘과 그날의 기쁨이 다시금 살아날 것이다. 이처럼 향수는 감정의 타임캡슐 역할을 하며, 과거의 소중한 순간들을 현재로 가져오는 데 도움을 준다.

어린 시절의 향수

 어릴 적 사용했던 향수를 다시 맡으면, 그 시절의 집안 분위기와 가족과의 추억이 떠오를 수 있다. 예를 들어, 어머니가 사용하던 향수를 맡으면 따뜻한 집안의 느낌과 함께 가족과의 사랑이 다시 느껴질 것이다. 이는 향수가 단순한 향기가 아니라, 우리의 정서를 깊이 있게 연결하는 매개체임을 보여준다.

사랑의 기억

 연인과 함께했던 특별한 날짜에 사용했던 향수를 다시 맡으면, 그 순간의 감정이 다시 살아날 수 있다. 첫 키스의 순간이나 기념일에 사용했던 향수는 그 당시의 설렘과 사랑의 감정을 되살려 주며, 서로의 기억을 더욱 깊게 만들어준다.

특별한 행사

졸업식, 결혼식 등 특별한 날에 사용했던 향수는 그날의 감정을 다시 느끼게 해주며, 중요한 순간들을 회상하게 한다. 예를 들어, 결혼식 날 뿌렸던 향수를 맡으면, 그날의 행복한 기억과 함께 사랑의 약속이 다시 떠오를 것이다.

이처럼 향수는 단순히 향기를 넘어서, 우리의 기억과 감정을 깊이 있게 연결하는 중요한 역할을 한다. 향기는 과거의 순간들을 현재로 가져오는 마법 같은 힘을 지니고 있으며, 이를 통해 우리는 잊지 못할 추억을 다시금 소환할 수 있다. 향수는 우리 삶의 각 순간을 더욱 특별하게 만들어주는 소중한 존재이다.

특정 향수와 관련된 기억

⟨Chanel No. 5⟩

많은 사람은 이 클래식한 향수를 맡으면 어머니나 할머니의 기억이 떠오른다고 한다. 특히 가족 행사나 특별한 날에 사용하던 향수로, 그 향기는 사랑과 애정, 가족의 따뜻함을 상기시킨다.

⟨Dolce & Gabbana Light Blue⟩

이 향수는 여름휴가와 연결되는 경우가 많다. 바다의 상큼한 공기와 함께 떠오르는 기억으로, 친구들과의 여행이나 해변에서의 즐거운 순간을 회상하게 한다.

⟨Marc Jacobs Daisy⟩

이 향수는 젊음과 자유를 상징하는 향기로, 많은 사람이 대학 시절의 즐거운 추억이나 첫사랑의 감정을 떠올리게 한다. 특히 친구들과의 모임이나 특별한 날의 기억이 강하게 연결된다.

⟨Jo Malone Lime Basil & Mandarin⟩

이 향수는 상큼하고 신선한 느낌으로, 많은 사람이 특별한 기념일이나 생일 파티와 같은 축하의 순간을 떠올리게 한다. 향기의 조화가 기쁨과 즐거움을 불러일으킨다.

⟨Yves Saint Laurent Black Opium⟩

이 향수는 강렬하고 매혹적인 느낌으로, 특별한 밤 외출이나 파티와 연결된 기억을 떠오르게 한다. 많은 사람이 이 향수를 통해 자신감과 매력을 느끼며, 특별한 순간을 회상한다.

이처럼 특정 향수는 각 개인의 경험과 감정에 따라 다르게 연결되며, 그 향기를 맡을 때마다 관련된 기억이 생생하게 떠오르는 경우가 많다. 그렇다면 향수는 과거의 기억만 소환하는 힘이 있는 걸까? 향기의 힘이란 과거에만 국한된 것은 아니다.

향수를 사용한 경험은 여러 가지 면에서 미래에 도움이 될 수 있다. 향수는 단순한 향기를 넘어서, 개인의 감정, 사회적 상호작용, 그리고 자아 정체성에 깊은 영향을 미치기 때문이다. 다음은 향수를 사용한 경험이 미래에 어떻게 도움이 될 수 있는지를 설명한다.

1. 자신감 향상

향수를 사용할 때, 많은 사람은 향기가 주는 긍정적인 효과로 인해 자신감이 상승한다. 좋은 향기는 자신을 더 매력적으로 느끼게 하며, 사회적 상황에서 더욱 당당하게 행동하게 만든다. 이러한 자신감은 중요한 순간, 예를 들어 면접이나 발표 등에서 긍정적인 영향을 미쳐, 더 나은 결과를 이끌어낼 수 있다.

2. 감정 조절

향수는 특정 감정을 불러일으키거나 조절하는 데 도움을 줄 수 있다. 스트레스를 줄이거나 안정감을 주는 향수를 사용할 경우, 일상에서의 불안감을 덜 느끼게 되고, 차분한 상태에서 중요한 결정을 내릴 수 있게 된다. 이는 미래의 선택과 방향성을 더욱 명확하게 할 수 있다.

3. 긍정적인 기억과 연관

향수는 특정한 기억과 연결되어 있어, 사용하면서 과거의 긍정적인 순간들을 떠올리게 할 수 있다. 이러한 긍정적인 기억은 사람의 행동에 영향을 미치고, 더 밝은 태도로 미래를 바라보게 만든다. 예를 들어, 사랑하는 사람과의 특별한 순간과 연관된 향수를 사용하면, 그 감정이 되살아나 긍정적인 에너지를 느낄 수 있다.

4. 사회적 관계 형성

향수는 사람들 간의 관계 형성에 중요한 역할을 한다. 좋은 향기는 타인에게 긍정적인 인상을 주어, 새로운 친구를 만들거나 직장에서의 네트워킹 기회를 증가시킬 수 있다. 이러한 사회적 상호작용은 미래의 직업적 기회나 개인적 관계에 긍정적인 영향을 미칠 수 있다.

5. 개인의 정체성 표현

향수는 개인의 스타일과 정체성을 표현하는 방법의 하나이다. 자신이 좋아하는 향수를 사용할 때, 개인의 취향과 개성을 드러낼 수 있으며, 이는 타인에게 자신을 어떻게 보여줄지를 결정짓는 요소가 된다. 이러한 자기표현은 개인의 미래에 대한 선택과 방향성에 영향을 미칠 수 있다.

6. 전문성 및 이미지 구축

특정한 직업이나 상황에 맞는 향수를 선택하여 사용하는 것은 전문성을 나타내는 방법이 될 수 있다. 예를 들어, 비즈니스 환경에서 적절한 향수를 사용하면, 신뢰감과 프로페셔널한 이미지를 구축할 수 있다. 이는 경력 발전이나 직업적 기회에 긍정적인 영향을 미칠 수 있다.

　이처럼 향수를 사용하는 경험은 개인의 자신감, 감정 조절, 기억 소환, 사회적 관계 형성, 정체성 표현 등 다양한 측면에서 미래에 긍정적인 영향을 미칠 수 있다. 향수는 단순한 감각적 경험을 넘어, 우리의 삶의 여러 측면 과거, 현재, 미래에서 중요한 역할을 하며, 향수를 통해 쌓은 경험은 앞으로의 선택과 행동에도 큰 도움이 될 것이다.

Part. 6
향수 에피소드

KAIROS PERFUME STORY

향기 마케팅

향기 마케팅은 소비자의 감성을 자극하고 브랜드 인식을 높이기 위해 향기를 활용하는 마케팅 기법이다. 인간의 후각은 감정과 기억에 깊은 영향을 미치기 때문에, 향기를 적절히 활용하면 소비자의 구매 의사결정에 긍정적인 영향을 줄 수 있다. 다음은 향기 마케팅의 주요 요소와 효과에 대한 설명이다.

1. 향기의 힘

향기는 사람의 감정과 기억을 불러일으키는 강력한 도구이다. 연구에 따르면, 향기는 사람의 감정 상태를 변화시키고 특정 기억을 떠올리게 하는 데 큰 역할을 한다. 이를 통해 소비자가 특정 브랜드나 제품에 대해 더 긍정적인 감정을 느끼게 할 수 있다.

2. 브랜드 아이덴티티 강화

브랜드 특유의 향기를 개발하면, 소비자는 그 향기를 통해 브랜드를 즉시 인식하게 된다. 예를 들어, 호텔 체인이나 리조트는 고유한 향기를 만들어 고객이 그 장소를 떠올릴 때마다 향기를 기억하게 한다. 이러한 방식으로 브랜드 아이덴티티를 강화하고, 소비자와의 정서적 연결을 높일 수 있다.

3. 구매 유도

상점이나 매장에서 특정 향기를 사용하면 소비자들의 체류 시간을 늘리고, 구매를 유도할 수 있다. 예를 들어, 제과점에서 빵이나 케이크의 구수한 향기를 퍼뜨리면, 고객은 자연스럽게 그 매장에 들어가고 구매를 고려하게 된다. 연구에 따르면, 향기가 소비자의 구매 의사결정에 긍정적인 영향을 미친다는 결과가 많다.

4. 향기 선택의 중요성

향기를 선택할 때는 브랜드의 이미지, 목표 고객층, 그리고 판매하는 제품의 특성을 고려해야 한다. 예를 들어, 럭셔리 브랜드는 우아하고 섬세한 향기를 선택하여 고급스러운 이미지를 강조할 수 있다. 반면, 아동용 제품은 밝고 경쾌한 향기를 선택하여 친근감을 줄 수 있다.

향기 마케팅은 소비자의 감정과 행동에 깊은 영향을 미칠 수 있다. 브랜드는 향기를 통해 고객과의 관계를 강화하고, 브랜드 인지도를 높이며, 매출을 증대시킬 수 있다. 따라서 향기 마케팅 전략을 면밀히 계획하고 실행하는 것이 중요하다. 향기가 가져다주는 감정적 경험은 소비자의 충성도를 높이고, 브랜드에 대한 긍정적인 이미지를 형성하는 데 큰 기여를 할 것이다. 향기 마케팅은 여러 브랜드에서 성공적으로 활용되고 있으며, 그 사례는 다양하다. 다음은 몇 가지 대표적인 향기 마케팅 사례이다.

1. 하얏트 호텔

하얏트 호텔은 고객에게 편안함과 고급스러움을 제공하기 위해 특유의 향기를 개발했다. 그들은 로비와 객실에 특정 향기를 퍼뜨려 고객이 호텔에 들어서는 순간 편안함을 느끼도록 했다. 이 향기는 고객의 기억에 남아 다시 방문하도록 유도하는 효과를 가져왔다.

2. 코카콜라

코카콜라는 다양한 마케팅 캠페인에서 향기를 활용했다. 특히, 여름철에 해변가에서 진행한 프로모션에서는 시원한 음료의 향기를 퍼뜨려 소비자들의 구매 욕구를 자극했다. 이로 인해 소비자들은 코카콜라를 떠올리며 자발적으로 매장에 들어가게 되었다.

3. 베이커리

많은 베이커리에서는 갓 구운 빵의 향기를 매장 밖으로 퍼뜨린다. 이렇게 하면 지나가는 사람들이 그 향기에 이끌려 매장에 들어가게 되고, 구매로 이어지는 경우가 많다. 예를 들어, 파리의 유명한 제과점에서는 구운 빵의 향기를 활용하여 고객을 유치하고 있다.

4. 아로마테라피 브랜드

아로마테라피 브랜드들은 특정 향기를 통해 소비자에게 감정적인 경험을 제공한다. 예를 들어, '에센셜 오일' 브랜드는 고객이 특정 향기를 맡을 때마다 스트레스 해소나 집중력 향상 등의 효과를 느낄 수 있도록 다양한 향기를 제공한다.

5. 리조트와 스파

많은 리조트와 스파에서는 편안함과 휴식을 주는 향기를 사용하여 고객의 경험을 향상시키고 있다. 예를 들어, 라벤더나 유칼립투스 향을 사용하여 고객이 스파에 들어서는 순간부터 힐링의 느낌을 받을 수 있도록 한다. 이러한 향기는 고객이 다시 방문하도록 유도하는 요소가 된다.

6. 스타벅스

스타벅스는 커피의 구수한 향기를 매장 내에 퍼뜨려 고객들이 매장에 들어오는 순간부터 기분 좋게 만든다. 이러한 향기는 고객의 체류 시간을 늘리고 구매 욕구를 자극하는 데 큰 역할을 한다.

7. 디즈니

디즈니는 테마파크 내에서 다양한 향기를 활용하여 방문객들에게 마법 같은 경험을 제공한다. 예를 들어, 캐릭터와 관련된 향기를 사용하여 특정 구역의 분위기를 더욱 특별하게 만든다.

8. 에르메스

에르메스는 매장 내에서 고유의 향기를 사용하여 고객에게 럭셔리한 이미지를 각인시키고 있다. 이 향기는 브랜드의 아이덴티티와 연결되어 고객이 매장을 떠올릴 때마다 기억에 남는다.

9. 마이크로소프트

마이크로소프트의 매장에서는 고객이 제품을 체험할 때 편안한 향기를 사용하여 긍정적인 쇼핑 경험을 제공한다. 이러한 향기는 고객의 집중력을 높이고, 제품에 대한 긍정적인 인상을 남긴다.

10. LG전자

LG전자는 자사의 전자제품 매장에서 특정 향기를 사용하여 소비자에게 쾌적한 쇼핑 환경을 제공한다. 이로 인해 고객은 제품을 체험하며 더 좋은 감정을 느끼게 된다.

11. 바디샵

바디샵은 매장 내에서 다양한 자연 향기를 활용하여 고객에게 친환경적인 이미지를 강조한다. 이러한 향기는 소비자가 브랜드와 제품에 대해 긍정적인 감정을 느끼도록 돕는다.

12. 아메리칸 에어라인

아메리칸 에어라인은 비행기 객실 내에서 특정 향기를 사용하여 승객에게 편안한 비행 경험을 제공한다. 이러한 향기는 스트레스를 줄이고, 고객의 만족도를 높이는 데 기여한다.

이러한 브랜드들은 향기 마케팅을 통해 소비자에게 긍정적인 경험을 제공하고, 브랜드 충성도를 강화하는 데 성공하고 있다. 향기는 고객의 감정과 기억에 깊이 연결되기 때문에, 앞으로도 많은 브랜드들이 이 전략을 활용할 것으로 예상된다.

컬러와 향기의 만남

향과 색의 상관관계는 인간의 감각 경험에서 매우 흥미로운 주제이다. 우리의 감각은 서로 밀접하게 연결되어 있으며, 특정한 향이 특정한 색과 연관될 수 있다. 이러한 상관관계는 심리학적, 생리학적, 문화적 요인에 의해 형성된다. 향과 색이 어떻게 서로를 보완하고, 우리의 감정과 인식에 어떤 영향을 미치는지를 탐구하는 것은 매우 중요한 과제이다.

1. 심리적 연관성

연구에 따르면, 특정 색상은 특정 감정을 유발하며, 이러한 감정은 향과 함께 작용할 수 있다. 예를 들어, 빨간색은 열정과 에너지를 상징하고, 자주색은 고귀함과 신비로움을 나타낸다. 이러한 색상은 각각의 향과 결합되어 강한 감정적 반응을 일으킬 수 있다. 예를 들어, 레몬 향은 밝고 경쾌한 노란색과 연관되어 상쾌함과 기분 전환을 가져다 줄 수 있다. 이러한 심리적 연관성은 광고나 마케팅에서 자주 활용되며, 특정 색상과 향이 결합 될 때 소비자에게 긍정적인 감정을 불러일으키는 데 기여한다.

2. 생리학적 반응

향은 우리의 뇌에 직접적으로 영향을 미치며, 특정 색상과 결합 될 때 더 강한 감각적 경험을 제공한다. 예를 들어, 시원한 파란색과 민트 향이 결합 되면 청량감과 안정감을 증대시키는 효과를 줄 수 있다. 이러한 조합은 특히 마케팅이나 브랜드 디자인에서 활용되어, 소비자가 특정 제품에 대해 긍정적인 반응을 이끌어 내는 데 도움을 준다. 또한, 향과 색의 조화가 우리의 생리적 반응을 어떻게 변화시키는지를 이해하는 것은 디자인과 제품 개발에 있어 중요한 요소가 된다.

3. 문화적 차이

향과 색의 상관관계는 문화에 따라 다르게 인식될 수 있다. 예를 들어, 서양에서는 흰색이 순수와 청결을 상징하지만, 일부 동양 문화에서는 흰색이 애도를 의미하기도 한다. 이와 마찬가지로, 특정 향이 가진 문화적 의미도 색상과 함께 변할 수 있다. 예를 들어, 장미 향은 사랑과 로맨스를 상징하지만, 그 색상인 붉은 장미는 더욱 강렬한 사랑의 상징으로 여겨진다. 이러한 문화적 차이는 글로벌 마케팅 전략을 수립할 때 특히 고려해야 할 중요한 요소이다.

4. 예술과 디자인

예술가와 디자이너는 향과 색의 조합을 통해 감정을 전달하고 특정 분위기를 창출한다. 향수를 디자인할 때, 특정 색상과 향을 조화롭게 결합하여 소비자에게 원하는 이미지를 형성할 수 있다. 또한, 인테리어

디자인에서도 색상과 향을 조화롭게 사용하여 공간의 느낌을 극대화할 수 있다. 이러한 예술적 접근은 소비자에게 더욱 깊은 감정적 경험을 제공하며, 브랜드의 아이덴티티를 강화하는 데 중요한 역할을 한다.

향과 색의 상관관계는 우리의 감각 경험을 풍부하게 만들어주는 중요한 요소이다. 이 두 가지 요소는 서로를 보완하며, 우리의 감정과 인식에 깊은 영향을 미친다. 향과 색의 조합을 이해함으로써 우리는 더 나은 디자인, 마케팅, 그리고 감정적 경험을 창출할 수 있다. 이러한 상관관계는 앞으로도 다양한 분야에서 연구되고 응용될 것으로 기대된다. 향과 색의 조화로운 결합은 단순한 미적 요소를 넘어서, 우리의 일상과 문화에 깊이 뿌리내린 중요한 상징이 될 것이다.

향수 디자인에서 색깔과 향의 조화는 소비자의 감정과 경험을 극대화하는 중요한 요소이다. 향과 색은 서로 영향을 주고받으며, 이 조화를 통해 브랜드의 아이덴티티를 강화하고, 소비자의 구매 욕구를 자극할 수 있다. 다음은 향수 디자인에서 색깔과 향의 조화가 이루어지는 방법에 대해 구체적으로 살펴보도록 하겠다.

1. 감정과 상징의 연결

각 색깔은 특정한 감정이나 이미지를 불러일으킨다. 예를 들어, 빨간색은 열정과 사랑을, 파란색은 신뢰와 안정감을, 노란색은 기쁨과 활력을 상징한다. 향수에서 사용되는 향도 마찬가지로 특정한 감정을 유발할 수 있다. 따라서, 향수의 향과 색깔을 조화롭게 결합하여 소비자에게 원하는 감정을 전달하는 것이 중요하다. 예를 들어, 꽃 향과 부드러운 핑크색의 조합은 사랑스럽고 부드러운 이미지를 연출할 수 있다.

2. 타겟 소비자와의 연결

향수 브랜드는 타겟 소비자의 성향과 기호를 고려하여 색깔과 향을 조화롭게 디자인한다. 젊은 소비자를 겨냥하는 경우, 생기 있고 밝은 색상과 경쾌한 향을 조합하여 활기찬 느낌을 줄 수 있다. 반면, 성숙한 소비자를 겨냥하는 경우, 보다 깊고 우아한 색상과 복합적인 향을 선택하여 고급스러움을 강조할 수 있다. 이처럼 타겟 소비자에 맞춘 색상과 향의 조화는 브랜드의 성공에 큰 영향을 미친다.

3. 향수의 계절적 특성

향수는 계절에 따라 다른 느낌을 줄 수 있다. 예를 들어, 여름에는 상쾌하고 가벼운 citrus 향과 밝은 색상을 조합하여 시원한 느낌을 줄 수 있다. 반면, 겨울에는 따뜻하고 깊은 우디 향과 어두운 색상을 조합하여 포근한 느낌을 줄 수 있다. 이러한 계절적 요소를 고려한 색상과 향의 조화는 소비자에게 계절감과 관련된 감정을 불러일으킬 수 있다.

4. 패키지 디자인과 브랜드 아이덴티티

향수의 패키지 디자인에서도 색깔과 향의 조화가 중요한 역할을 한다. 패키지의 색상은 향수의 내용을 반영해야 하며, 브랜드의 아이덴티티를 강화하는 데 기여해야 한다. 예를 들어, 자연 친화적인 브랜드는 녹색과 갈색 계열의 색상과 자연적인 향을 조합하여 친환경적인 이미지를 강조할 수 있다. 이처럼 패키지 디자인과 향의 조화는 소비자가 제품을 선택하는 데 큰 영향을 미친다.

〈자연적으로 자라는 아이티산 베티버, 시클라멘과 은방울꽃 등 친환경 성분으로 만든 향수를 재활용이 가능한 패키지에 담아 선보인다. 비가 그친 숲속에서 느껴지는 차분하고 잔잔한 느낌의 향을 전한다. 판매 금액의 일부는 지역 사회에 안전한 식수를 제공하는 프로그램을 후원하는 데 사용된다.〉

5. 마케팅 및 커뮤니케이션 전략

향수의 색깔과 향의 조화는 마케팅 전략에서도 중요한 역할을 한다. 브랜드는 특정 색상과 향의 조합을 통해 소비자에게 전달하고자 하는 메시지를 명확히 할 수 있다. 광고 캠페인에서 색상과 향의 조화가 잘 이루어지면, 소비자는 제품에 대한 긍정적인 인식을 갖게 되고, 브랜드에 대한 충성도가 높아질 수 있다.

향수 디자인에서 색깔과 향의 조화는 단순한 미적 요소를 넘어서 소비자의 감정과 경험을 형성하는 데 중요한 역할을 한다. 색상과 향의 적절한 조합은 브랜드의 아이덴티티를 강화하고, 소비자의 구매 욕구를 자극하며, 향수의 전체적인 매력을 높이는 데 기여한다. 이러한 조화는 향수 시장에서 성공적인 제품을 만드는 데 필수적인 요소라고 할 수 있다.

향수 디자인에서 특정 색깔이 사용되는 이유는 여러 가지가 있다. 색깔은 소비자에게 시각적 인상을 주고, 감정적 반응을 유도하며, 브랜드의 메시지와 이미지를 전달하는 중요한 요소이다. 다음은 향수 디자인에서 특정 색깔이 사용되는 주요 이유이다.

1. 감정과 상징성

각 색깔은 고유한 감정과 상징성을 가지고 있다. 예를 들어,

- 빨간색: 열정, 사랑, 에너지를 상징하며, 강렬한 향수와 잘 어울린다.

- 파란색: 평화, 안정감, 신뢰를 나타내며, 신선한 향이나 우디 계열의 향수에 사용된다.
　- 녹색: 자연, 생명, 청량감을 상징하며, 허브나 식물성 향수와 조화를 이룬다.
　- 노란색: 기쁨과 활력을 나타내며, 상큼한 citrus 향수에 잘 어울린다.

이러한 색깔들은 소비자가 향수를 선택할 때 무의식적으로 감정적 반응을 유도한다.

2. 브랜드 아이덴티티

브랜드의 이미지와 아이덴티티를 강화하기 위해 특정 색깔이 선택된다. 예를 들어, 럭셔리 브랜드는 종종 금색이나 검은색을 사용하여 고급스러움과 우아함을 강조한다. 반면, 자연 친화적인 브랜드는 녹색이나 갈색 계열의 색상을 사용하여 친환경적인 이미지를 부각시킨다. 이렇게 색깔은 브랜드의 철학과 가치관을 시각적으로 표현하는 중요한 수단이다.

3. 소비자 타겟팅

향수의 타겟 소비자에 따라 색깔이 달라질 수 있다. 젊은 소비자를 겨냥할 때는 밝고 경쾌한 색상, 성숙한 소비자를 겨냥할 때는 어두운 색상이나 미묘한 색조를 사용하는 경향이 있다. 이러한 색깔 선택은 소비자의 취향과 기대에 맞추어져 있다.

4. 계절적 요소

계절에 따라 적합한 색깔이 다르게 사용된다. 여름에는 밝고 상큼한 색상이, 겨울에는 따뜻하고 어두운 색상이 사용되는 경향이 있다. 예를 들어, 여름 향수는 청량감을 주는 파란색이나 노란색이 사용되는 반면, 겨울 향수는 따뜻한 느낌을 주는 갈색이나 금색이 선택된다.

5. 마케팅 전략

마케팅에서 색깔은 소비자의 주목을 끌고, 제품에 대한 흥미를 유도하는 데 중요한 역할을 한다. 광고 캠페인이나 포장 디자인에서 특정 색깔을 사용함으로써 소비자에게 브랜드의 메시지를 효과적으로 전달할 수 있다.

향수 디자인에서 특정 색깔이 사용되는 이유는 감정적 반응을 유도하고, 브랜드 아이덴티티를 강화하며, 소비자 타겟팅에 맞추고, 계절적 요소를 반영하기 위함이다. 이러한 색깔의 선택은 향수의 전체적인 매력을 높이고, 소비자에게 긍정적인 경험을 제공하는 데 중요한 역할을 한다.

향수에서 특정 향이 특정 색과 연관되어 느껴지는 경우는 아주 흔하게 나타난다. 이는 주로 감정, 기억, 그리고 문화적 상징성에 기반한 것이다. 향수는 우리의 감각을 자극하여 특정한 감정이나 기억을 불러일으키는 강력한 도구이며, 이러한 연결 고리는 소비자가 향수를 선택하는 데 큰 영향을 미친다. 다음은 향수와 색상 간의 관계를 보다 심층적으로 탐구한 몇 가지 예시이다.

1. 꽃 향 (예: 장미 향) - 핑크색

장미 향은 일반적으로 사랑과 로맨스를 상징하며, 이로 인해 핑크색과 강하게 연결된다. 핑크색은 부드러움, 사랑스러움, 그리고 여성스러움을 나타낸다. 장미 향수는 이 색상과 함께 사용될 때, 더욱 사랑스럽고 우아한 이미지를 강조하게 된다. 많은 사람들이 장미 향을 맡으면 연인과의 따뜻한 기억이나, 특별한 순간을 떠올리게 되며, 이는 곧 핑크색의 감정과 맞물려 깊은 정서를 불러일으킨다.

2. 레몬 향 - 노란색

레몬 향은 상큼하고 기분 좋은 느낌을 주며, 노란색과 강한 연관이 있다. 노란색은 밝음과 활력을 상징하며, 이는 레몬의 상쾌한 특성과 잘 어울린다. 레몬 향수는 에너지를 주고 긍정적인 느낌을 전달하는 동시에, 사람들에게 희망과 기쁨을 상기시킨다. 특히, 여름철에 레몬 향수를 사용할 때는 그 상큼함이 한층 더 돋보이며, 노란색의 밝음은 기분을 더욱 좋게 만들어준다.

3. 라벤더 향 - 보라색

라벤더 향은 편안함과 안정감을 주며, 보라색과 깊은 연관이 있다. 보라색은 고요함과 신비로움을 나타내는 색으로, 라벤더 향수는 이러한 특성을 잘 반영한다. 많은 사람들은 라벤더 향을 맡을 때 마음의 평화와 안정감을 느끼며, 이는 보라색의 감정과 연결된다. 라벤더 향수는 스트레스를 날려주고, 편안한 저녁 시간이나 휴식 시간에 적합한 선택이 된다.

4. 우디 향 (예: 샌달우드) - 갈색

우디 향은 자연과 안정성을 상징하며, 갈색과 잘 어울린다. 갈색은 땅, 안정감, 그리고 자연을 상징하는 색으로, 이러한 특성을 가진 우디 향수는 따뜻하고 친근한 느낌을 전달한다. 샌달우드와 같은 우디 향은 고요한 숲의 느낌을 주며, 자연과의 연결을 느끼게 해준다. 이 향수는 대개 차분한 분위기를 조성하며, 사람들에게 편안함과 안정감을 제공한다.

5. 민트 향 - 초록색

민트 향은 상쾌함과 청량감을 주며, 초록색과 긴밀한 연관이 있다. 초록색은 자연과 신선함을 상징하는 색으로, 민트 향수는 이러한 신선함을 강조한다. 민트 향은 기분을 상쾌하게 하고, 활기찬 이미지를 연출하여 사람들에게 기분 좋은 에너지를 전달한다. 특히, 여름철이나 더운 날씨에 민트 향수를 사용하면 더욱 시원하고 청량한 느낌을 경험할 수 있다.

6. 바닐라 향 - 크림색

바닐라 향은 달콤하고 부드러운 느낌을 주며, 크림색 또는 아이보리색과 잘 어울린다. 이 색상은 따뜻함과 편안함을 상징하여, 바닐라 향수는 아늑하고 친근한 감정을 유도한다. 바닐라 향수는 특히 따뜻하고 포근한 느낌을 주며, 많은 사람들이 이를 맡을 때 어린 시절의 추억이나 따뜻한 가정의 느낌을 떠올리게 된다.

이처럼, 향수에서 특정 향과 색깔은 서로 긴밀하게 연결되어 있으며, 이는 소비자에게 감정적 반응을 불러일으키고 향수의 전체적인 이미지를 형성하는 데 중요한 역할을 한다.

영화 '향수' 어느 살인자의 이야기

파트리크 쥐스킨트의 소설 향수: 어느 살인자의 이야기가 원작이나 원작자가 영화로 만들어지길 원하지 않아 15년이 넘는 설득 끝에 만들어진 영화이다.

"존재하는 것의 영혼은 향기다."
"그는 깨달았다. 자신은 체취가 없다는 것을."

　주인공 그루누이는 1738년 파리 생선 좌판대 밑에서 매독에 걸린 여인의 사생아로 태어났다. 태어나자마자 버려졌으나 온갖 사물을 냄새로 식별하는 후각에 초자연적 감각을 타고났다. 그러나 그는 정작 자신에게서는 아무런 냄새도 나지 않아 다른 사물들의 본질은 분별할 수 있으면서도 자신만의 본질은 없는 사람으로 성장한다.

이런 이유 때문인지 향기에 비정상적인 집착을 했던 그는 파리의 향수 제조 장인의 도제로 들어가 지상 최고의 향수를 만드는 꿈을 꾼다. 사랑을 불러일으켜 그들을 지배할 수 있는 목표를 이루기 위해 선택한 것은 '살인'이다. 그는 몸에서 매혹적인 향이 나는 25명의 여인을 살해해 지상 최고의 향수를 만든다.

  즉, 타고난 후각의 천재가 찾아낸 이 세상 최고의 향은 바로 사람의 몸에서 나는 자연 향이었던 것이다. 극 중 향기는 존재감을 나타내며 태어날 때부터 향기를 지니고 있지 않은 그는 희미한 존재감을 의미한다.

  주인공의 체취가 없는 것은 자신의 정체성 부재를 상징한다. 여성들의 향기를 추적하는 행동은 자신의 결핍을 채우려는 노력을 상징한다. 주인공의 비극적 결말은 인간의 기본적인 욕구를 무시하고 억압하는 사회의 문제점을 보여준 영화이다.

클레오파트라와 나폴레옹의 향수 정치

고대 이집트의 여왕 클레오파트라는 향수를 정치적 전략으로 활용한 대표적인 인물이다. 그녀는 로마의 율리우스 카이사르와의 관계를 강화하기 위해 향수를 사용했다. 클레오파트라는 단순히 아름다움뿐만 아니라, 자신의 외교적 목표를 달성하기 위한 수단으로 향수를 선택한 것이다.

클레오파트라는 자신의 매력을 극대화하기 위해 독특한 향수를 만들어 사용했으며, 이를 통해 카이사르의 마음을 사로잡았다. 그녀는 이집트의 풍부한 자원과 문화적 유산을 바탕으로 로마의 권력을 이용해 이집트의 지위를 강화하고자 했다.

특히, 향수는 그녀의 매력을 강조하는 중요한 도구가 되었고, 이는 단순히 개인적인 관계를 넘어서 정치적 거래로 이어졌다. 그녀의 향수는 카이사르와의 외교적 관계를 강화하는 데 기여했으며, 이집트의 정치적 입지를 높이는 데 중요한 역할을 했다. 또한, 클레오파트라는 향수를 통해 자신의 이미지를 더욱 고급스럽고 신비롭게 만들어, 로마의 귀족 사회에서도 그녀의 존재감을 확고히 할 수 있었다.

프랑스의 나폴레옹 보나파르트는 그의 아내 조제핀을 위해 특별한 향수를 만들게 했다. 조제핀은 향수를 매우 좋아했으며, 나폴레옹은 그녀의 매력을 더욱 부각시키기 위해 향수를 중요한 전략으로 사용했다.

조제핀은 나폴레옹의 정치적 파트너이자, 그의 이미지에 큰 영향을 미쳤다. 나폴레옹은 조제핀의 향수를 통해 그녀의 아름다움과 매력을 강조하고, 이를 통해 자신의 권력을 더욱 공고히 하려 했다. 향수는 그들의 관계를 상징하는 요소로 작용하며, 나폴레옹의 정치적 이미지에도 긍정적인 영향을 미쳤다.

조제핀의 향수는 단순한 개인적 취향을 넘어서, 그녀가 연출하는 매력과 나폴레옹의 정치적 야망이 결합한 상징으로 작용했다. 이러한 방식으로 향수는 나폴레옹의 외교적 관계에서도 중요한 역할을 하였고, 이를 통해 그는 자신의 권력을 더욱 확장할 수 있었다.

이 두 가지 사례는 향수가 단순한 미용 제품을 넘어 정치적 전략으로 활용될 수 있음을 보여준다. 클레오파트라와 나폴레옹은 각각의 상황에서 향수를 통해 개인의 매력을 극대화하고, 정치적 관계를 강화하는 데 성공했다. 이러한 예시는 향수가 역사 속에서 중요한 역할을 할 수 있음을 잘 보여준다. 향수는 단순히 사람의 외모를 돋보이게 하는 것뿐만 아니라, 정치적 권력과 외교적 관계를 형성하는 데도 중요한 도구가 될 수 있음을 알 수 있다.

 이처럼 향수는 고대부터 현대에 이르기까지 정치적 맥락에서 다양한 방식으로 활용되어 왔고, 앞으로도 그러한 역할은 계속될 것이다.

마리 앙투아네트의 향수

프랑스의 마지막 왕비 마리 앙투아네트는 그녀의 사치스러운 삶과 아름다움으로 잘 알려져 있다. 그녀는 특히 향수에 대한 열정이 남다른 인물이었다. 그녀의 향수 선택은 단순한 개인 취향을 넘어 정치적 상징성을 지니기도 했다.

마리 앙투아네트는 프랑스의 유명한 향수 제조업체인 "프라그란스"의 창립자인 장 바티스트 포르타르를 통해 특별한 향수를 맞춤 제작했다. 그녀는 자신의 향수를 통해 왕비로서의 위엄을 드러내고, 동시에 프랑스의 상징적인 인물로 자리매김하고자 했다.

마리 앙투아네트
(프랑스어: Marie Antoinette d'Autriche, 1755년 11월 2일 ~ 1793년 10월 16일)

이 향수는 라벤더, 로즈, 그리고 여러 가지 과일 향이 조화를 이루며, 그녀의 고유한 매력을 강조했다. 마리 앙투아네트는 이 향수를 사용할 때마다 자신감과 권위를 느꼈고, 이는 그녀의 성격과 대중 이미지에도 큰 영향을 미쳤다.

하지만 마리 앙투아네트의 화려한 삶은 프랑스 혁명으로 인해 급격히 변하게 된다. 1789년, 혁명이 일어나면서 그녀는 왕궁을 떠나야 했고, 그녀의 사치스러운 삶은 비난의 대상이 되었다. 그녀가 애용하던 향수 또한 그녀의 상징적인 존재와 함께 잃어버리게 되었다.

그녀가 감옥에 갇히고, 결국 처형되었을 때, 그녀의 향수는 그녀의 남겨진 유산 중 하나로 남았다. 마리 앙투아네트의 향수는 그녀의 아름다움과 고귀함을 상징했지만, 동시에 그녀의 몰락과 프랑스 혁명의 상징이 되기도 했다.

마리 앙투아네트와 그녀의 향수 이야기는 향수가 단순한 향기를 넘어서, 개인의 정체성과 역사적 맥락을 담고 있다는 것을 보여준다. 향수는 사람의 감정과 기억을 불러일으키는 특별한 힘을 지니고 있으며, 역사 속에서 중요한 역할을 해왔음을 알 수 있다. 마리 앙투아네트의 향수는 그녀의 삶과 시대를 반영하는 상징적인 존재로 남아있다.

샬롯 브론테의 생애와 향수

　샬롯 브론테(Charlotte Bronte)는 19세기 영국의 소설가로, 그녀의 작품은 주로 여성의 독립성과 사랑, 사회적 제약을 다루고 있다. 그녀의 대표작인 〈제인 에어〉는 문학사에서 큰 영향을 미친 작품으로, 향수는 이 작품과 그녀의 개인적인 삶에 중요한 역할을 했다.

　브론테는 1816년 영국 요크셔에서 태어났다. 그녀는 작가로서의 경력을 쌓는 동안, 향수에 대한 특별한 애정을 가지고 있었다. 그녀의 시대는 향수가 일상생활에서 중요한 부분으로 자리 잡고 있었고, 많은 여성이 향수를 통해 자신의 정체성과 매력을 표현했다. 브론테 역시 이러한 문화의 영향을 받으며 향수를 사용했다.

샬롯 브론테(Charlotte Bronte) 1816년 ~ 1855년

〈향수와 제인 에어〉

'제인 에어'는 브론테의 가장 유명한 소설로, 주인공 제인 에어의 삶을 통해 사랑, 자아 발견, 사회적 제약을 탐구한다. 소설 속에서 향수는 다양한 의미로 사용되며, 인물 간의 감정과 관계를 드러내는 중요한 요소로 작용한다.

향수의 상징성

사랑과 그리움: 제인 에어는 로체스터와의 관계에서 향수를 통해 그리움과 사랑의 감정을 표현한다. 향수의 향기는 그녀에게 과거의 기억을 떠올리게 하며, 이는 두 사람 사이의 감정적 유대를 더욱 깊게 만든다.

정체성 및 자아 발견: 제인은 자신의 정체성을 찾는 과정에서 향수를 통해 자신을 표현한다. 향수는 그녀에게 개인적인 의미를 가지며, 사회적 제약 속에서 그녀의 독립성과 강한 의지를 상징한다.

브론테는 개인적으로도 향수에 대한 애정이 깊었다. 그녀는 자연에서 얻은 꽃과 허브를 이용해 자신만의 향수를 만들곤 했는데 이는 그녀가 자연을 사랑하고, 그 속에서 위안을 찾았음을 보여준다. 그녀의 향수 사용은 단순한 미용을 넘어, 그녀의 감정과 창작 활동에 큰 영향을 미쳤다.

브론테의 향수에 대한 애정은 그녀의 작품에 깊이 스며들어 있다. 그녀는 향수를 통해 인물의 감정을 세밀하게 표현하며, 독자에게 강한 인상을 남기는 데 성공했다. 이를 통해 그녀는 향수가 단순한 물질이 아니라, 감정을 담고 있는 중요한 매개체라는 것을 보여주었다.

샬롯 브론테는 향수를 단순한 미용 제품이 아닌, 문학적 상징과 개인적 표현의 도구로 사용했다. 향수는 그녀의 작품과 삶에서 중요한 역할을 하며, 그녀의 독창적인 문학 세계를 형성하는 데 기여했다. 이러한 점에서 브론테는 향수를 통해 자신의 정체성을 드러내고, 독자에게 깊은 감정적 경험을 선사한 작가로 평가받고 있다.

※참고

향료와 향수 마스터/ 한국조향교육진흥원 김민준·이햇님 지음, 북앤미디어 디엔터
향수 A to Z/ 미술문화 콜렉티브 네 지음, 잔 도레 엮음
향기가 좋으면 아무래도 좋으니까 향과 사랑에 빠진 조향사가 들려주는 향의 세계/ 크루출판 정명찬 지음
색채를 매개변수로 활용한 시각과 후각의 상관관계 연구/ 학위논문(석사) 서울대학교 대학원: 디자인학부 디자인전공, 2012.8. 박영목
공감각 중 후각 이미지와 색의 연관성/ 학위논문(석사) 홍익대학교 산업대학원: 색채전공 2013.8
후각과 기억의 관계를 이용한 기억력 증진과 기억 활성화/ 국민대학교 바이오발효융합학과 신성룡
향수 패키지디자인에 나타난 색채 트랜드 연구/ 한국브랜드디자인학회 송연호, 이영화
색상과 톤에 의한 향 연상 강도 평가/ 김유진
후각이 즐거워야 국민도 행복하다/ KRICT한국화학연구원
한국심리학신문

https://thescienceplus.com
https://www.aesop.com
https://www.allurekorea.com
https://frarang.com
https://unsplash.com